MON PREMIER DICTIONNAIRE illustré

Anglais - Français
Français - Anglais

EDITIONS FLEURUS

CONCEPTION ET RÉALISATION
Hubert Deveaux & Co

DIRECTION D'OUVRAGE
Marie Garagnoux et Hubert Deveaux

CONCEPTION GRAPHIQUE
Maxence Scherf

MISE EN PAGE
Emmanuelle Chauvigné

RÉDACTION
Michael Janes, MA Université de Londres - DESS Paris
Laurence Larroche, Maîtrise de LEA Université de Bordeaux III - DESS Paris - ESIT
AVEC LA COLLABORATION DE :
Marianne Bonneau, Marie Garagnoux, Claire Chatellard, Alain Pengam

CONSULTANT ET RÉVISEUR
Peter Weisman, PhD Université de Californie, Berkeley

ILLUSTRATIONS
Tous droits de reproduction et de représentation des illustrations
Studio Boule et Bill

ÉQUIPE ÉDITORIALE FLEURUS
DIRECTION ÉDITORIALE
Christophe Savouré
ÉDITION
Françoise Ancey, Laetitia Hérault et Juliette Saumande
DIRECTION ARTISTIQUE
Danielle Capellazzi et Isabelle Mayer
FABRICATION
Annie-Laurie Clément

Dépôt légal : juillet 2003
ISBN : 2-215-05221-X
Loi n° 49-956 du 16 juillet 1949 sur les publications destinées à la jeunesse.

Imprimé en France par *Partenaires-Livres*®
en mai 2004
N° d'édition : 92 396

Avant-propos

Ce dictionnaire est destiné aux enfants qui commencent l'apprentissage de l'anglais à l'école primaire.

Il respecte les usages et les habitudes de la lexicographie traditionnelle mais les met à la portée des tout jeunes lecteurs. Ainsi les abréviations sont supprimées et les remarques sur les difficultés particulières d'orthographe, de grammaire ou d'emploi du mot sont formulées clairement.

Les images les plus drôles ont été choisies pour que la langue soit mise en scène avec le plus d'impact possible : en visualisant les mots et les expressions, l'enfant les comprend et les assimile mieux.

La nomenclature a été établie à partir des directives de l'Éducation nationale pour l'apprentissage de l'anglais.

Les différents sens des mots sont présentés selon leur fréquence d'usage. De même, la fréquence d'usage a déterminé l'ordre dans lequel sont présentées les différentes catégories grammaticales d'un même mot.

Les exemples sont rédigés dans le respect de la réalité de la langue : les formes abrégées des verbes correspondent à la fois à l'usage actuel et à la façon dont l'anglais est enseigné aujourd'hui.

Mode d'emploi

Le premier mot de la page *t'aide à trouver le mot que tu cherches.*

La première lettre *de ce mot.*

Le dernier mot de la page *t'aide à trouver le mot que tu cherches.*

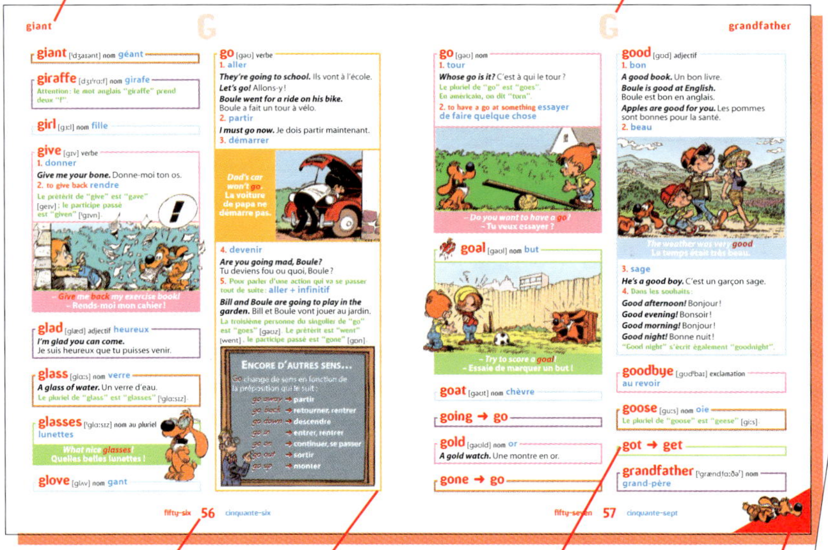

Tu es du côté français/anglais, le mot est **en bleu**.

Le numéro de la page *apparaît en anglais et en français.*

Tu es du côté anglais/français, le mot est **en rouge**.

Chaque mot, et tout ce qui le concerne, est entouré par **un cadre de couleur**.

Tu es du côté anglais/français, le triangle est **rouge**.

Tu es du côté français/anglais, le triangle est **bleu**.

Au fil des pages, tu trouveras des planches qui te présenteront en images du vocabulaire ou des expressions courantes. Regarde la liste page suivante.

Sur cette planche de **vocabulaire**, *les noms des animaux ne sont pas traduits afin que tu t'amuses à les deviner. Tu pourras aussi les rechercher dans le dictionnaire.*

Sur les planches de ce type, tu découvriras également des **expressions usuelles** *qui te seront très utiles.*

Ces os *te signalent que le mot peut être un nom, un verbe, un adjectif, un adverbe, etc.*

Cette remarque te signale **un pluriel irrégulier**.

fly [flaɪ]

nom **mouche**

Le pluriel de "fly" est "flies" [flaɪz].

verbe

1. voler

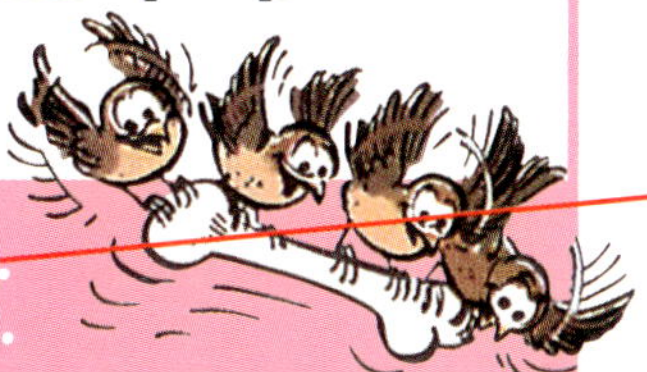

The birds were flying.
Les oiseaux volaient.

Afin que tu le repères facilement, le **mot anglais** *illustré apparaît en rouge.*

Ces numéros *t'indiquent les différents sens du mot.*

2. aller en avion, prendre l'avion

He's flying to Paris. Il va à Paris en avion.

Le prétérit de "fly" est "flew" [fluː]**;**
le participe passé est "flown" [fləʊn].

Côté anglais, *le prétérit et le participe passé de tous les verbes irréguliers apparaissent en vert.*

Côté français, *le prétérit et le participe passé des verbes irréguliers se trouvent après la traduction du verbe, en rouge.*

accueillir verbe **to meet** (met, met)

flew → fly

La flèche *renvoie au mot auquel tu dois te référer.*

bande dessinée, BD

nom féminin **comic**

En américain, on dit "comics".

Ce dictionnaire est un dictionnaire d'anglais britannique, les différences avec **l'anglais américain** *font l'objet de remarques.*

grapes [greɪps] nom au pluriel

raisin

I bought some grapes. J'ai acheté du raisin.

Ce cœur brisé *indique qu'il faut te méfier du mot : c'est un "faux ami", c'est-à-dire qu'il ressemble à un mot français, mais qu'il signifie autre chose.*

La prononciation *du mot est indiquée grâce aux signes phonétiques. Regarde le tableau page suivante.*

carotte nom féminin **carrot**

Attention : le mot anglais "carrot" prend deux "r" et un seul "t".

Cette remarque met l'accent sur **une difficulté particulière** *d'orthographe.*

À MOI, À TOI...

Pour dire que quelque chose appartient à quelqu'un :

1. On ajoute **'s** après le nom de la personne :

Cet os est à Bill. This bone is Bill's.

2. On emploie un pronom possessif :

à moi → mine ; **à toi** → yours ;
à lui → his ; **à elle** → hers ;
à nous → ours ; **à vous** → yours ;
à eux, à elles → theirs.

Côté français ou côté anglais, M. Morris résume sur son tableau **des points délicats** *de vocabulaire ou de grammaire.*

Les signes phonétiques

Les consonnes

[p]	pig, potato
[b]	butter, battle
[t]	tea, aunt
[d]	dinner, dear
[k]	can, kiss, luck
[g]	garden, guest
[tʃ]	cheese, picture
[dʒ]	June, job, danger
[f]	fine, enough
[v]	veal, of
[θ]	thing, seventh
[ð]	that, they, with
[s]	son, scissors
[z]	zebra, does, hers
[ʃ]	she, shop, machine
[ʒ]	pleasure, casual
[h]	hello, perhaps
[m]	mountain, arm
[n]	name, kitchen
[ŋ]	morning, among
[l]	liberty
[r]	round, break

Les voyelles

[ɪ]	big, fish, English
[e]	pen, bed, bread
[æ]	cat, map, bag
[ʌ]	but, cut, sun
[ɒ]	dog, hot, box
[ʊ]	book, good
[ə]	along, father, success
[iː]	cheese, cream, she, key
[ɑː]	glass, car, half
[ɔː]	door, fork, awful, court
[uː]	food, shoe, loose
[ɜː]	girl, her, word, church

Les semi-voyelles

[j]	you, usual
[w]	well, when, one

Les diphtongues

[eɪ]	game, day, steak, main
[aɪ]	nice, kind, sky, night
[ɔɪ]	boy, voice
[əʊ]	go, home, boat, snow
[aʊ]	house, cow, town
[ɪə]	dear, beer, idea
[eə]	hair, wear
[ʊə]	poor, sure

- Le symbole [ʳ] signale que le "r" final d'un mot ne se prononce que s'il forme une liaison avec la première lettre du mot suivant, si celle-ci est une voyelle.
- Le symbole [ˈ] signale l'accent tonique principal, le symbole [ˌ] l'accent secondaire.
- Certains mots d'une syllabe ont deux prononciations ("weak form" : forme faible, ou "strong form" : forme pleine) selon que le mot est accentué ou non dans la phrase ; ces deux prononciations sont signalées (exemple : "can" [kən, kæn]).
- Une remarque signale le cas des mots dont la prononciation diffère selon leur catégorie grammaticale.

Les planches thématiques

a [ə] article indéfini

Attention : “a” devant une voyelle devient “an”.

1. un, une

*It’s **a** dog.*
*It’s **an** animal.*
C’est un chien.
C’est un animal.

2. Ne se traduit pas avec les noms de métiers.

He wants to be a teacher.
Il veut être professeur.

3. Dans des expressions liées au temps : par

Three times a week. Trois fois par semaine.

4. Dans des expressions liées aux mesures : le, la, l’

It costs two euros a kilo.
Ça coûte deux euros le kilo.

able [ˈeɪbl] adjectif

1. to be able to pouvoir

Are you able to help me, Bill?
Est-ce que tu peux m’aider, Bill ?

2. to be able to savoir

*After two lessons, Bill **was able to** swim.*
Après deux leçons, Bill savait nager.

about [əˈbaʊt]

adverbe

1. environ

It’s about three o’clock.
Il est environ trois heures.

2. partout, çà et là

*Bill was following Boule **about**.*
Bill suivait Boule partout.

3. to be about to do être sur le point de faire

I was about to ask you a question. J’étais sur le point de te poser une question.

préposition

1. à propos de, au sujet de

I’m phoning you about our meeting.
Je vous téléphone à propos de notre rendez-vous.

2. sur

It’s a book about dogs.
C’est un livre sur les chiens.

above [əˈbʌv]

préposition au-dessus de

Birds were flying above his head.
Des oiseaux volaient au-dessus de sa tête.

adverbe au-dessus

Who lives on the floor above?
Qui habite l’étage au-dessus ?

accent ['æksent] nom

1. **accent**

He has an American accent.
Il a l'accent américain.

2. **accent**

A grave/an acute/a circumflex accent.
Un accent grave/aigu/circonflexe.

accept [ək'sept] verbe **accepter**

accident ['æksɪdənt] nom **accident**

It's an accident!
C'est un accident !

across [ə'krɒs] préposition

1. to go across **traverser**

Boule is going across the road with Bill.
Boule traverse la rue avec Bill.

2. **de l'autre côté de**

The school is across the street.
L'école est de l'autre côté de la rue.

add [æd] verbe

1. **ajouter**

Add some sugar to my coffee.
Ajoute un peu de sucre à mon café.

2. **additionner**

If you add 15 and 7, you get 22.
Si on additionne 15 et 7, on obtient 22.

address [ə'dres] nom **adresse**

Give me your address.
Donne-moi ton adresse.

Attention : le mot anglais "address" prend deux "d".

adventure [əd'ventʃər] nom **aventure**

Attention : ne pas oublier le "d" dans le mot anglais.

advertisement [əd'vɜːtɪsmənt] nom

1. **publicité**

I'm fed up with all those advertisements on TV! J'en ai assez de toute cette publicité à la télé !

2. **annonce**

Bill wants to put an advertisement in the paper. Bill veut mettre une annonce dans le journal.

advice [əd'vaɪs] nom

1. **conseil**

I need some advice.
J'ai besoin d'un conseil.

2. Se traduit aussi par "conseils" au pluriel.

He doesn't always follow our advice.
Il ne suit pas toujours nos conseils.

afraid [əˈfreɪd] adjectif
to be afraid **avoir peur**

Is he afraid?
A-t-il peur ?

after [ˈɑːftəʳ] préposition et adverbe **après**
After breakfast, Bill likes to play in the garden. Après le petit déjeuner, Bill aime jouer dans le jardin.

afternoon [ˌɑːftəˈnuːn] nom **après-midi**
At three o'clock in the afternoon.
À trois heures de l'après-midi.

again [əˈgen] adverbe
1. **encore, encore une fois**
I'll try again. J'essaierai encore.
2. **ne... plus**
I won't do it again, said Bill.
Je ne le ferai plus, a dit Bill.

against [əˈgenst] préposition **contre**

Bill put his nose against the glass.
Bill a mis sa truffe contre la vitre.

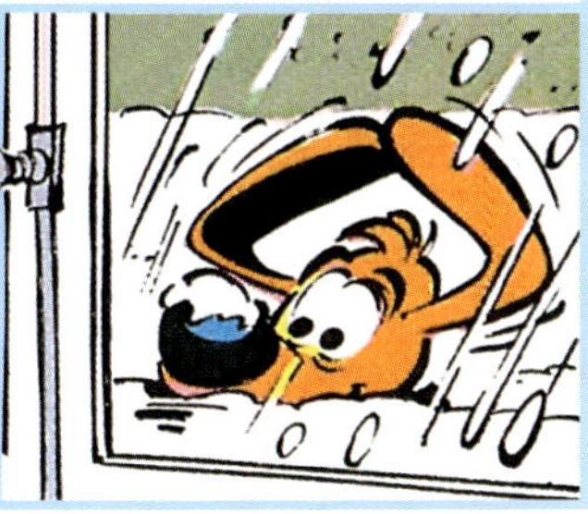

ago [əˈgəʊ] adverbe **il y a**
I saw it one year ago. Je l'ai vu il y a un an.
Attention : "ago" s'utilise dans les expressions liées au temps.

agree [əˈgriː] verbe **être d'accord**
I agree with you. Je suis d'accord avec toi.

alive [əˈlaɪv] adjectif **vivant**

all [ɔːl]
adjectif et pronom **tout, toute, tous, toutes**
Caroline has been sleeping all day.
Caroline a dormi toute la journée.
All the girls were running towards Boule!
Toutes les filles couraient vers Boule !
adverbe **tout**
I was all alone. J'étais tout seul.

Bill has eaten it all.
Bill a tout mangé.

all right [ˌɔːlˈraɪt]
adjectif **bien**
He fell over but fortunately he's all right.
Il est tombé mais heureusement il va bien.
adverbe **d'accord**
– Let's go for a little walk. – All right!
– Si on faisait une petite promenade ?
– D'accord !
Ce mot peut aussi s'écrire "alright".

almost [ˈɔːlməʊst] adverbe **presque**
Bill's plate is almost empty.
L'assiette de Bill est presque vide.

alone [əˈləʊn] adjectif **seul**

Boule, you can't lift that big box alone.
Boule, tu ne peux pas soulever cette grosse caisse tout seul.

along [əˈlɒŋ] préposition **le long de**

They put the chairs along the wall.
Ils ont mis les chaises le long du mur.

already [ɔːlˈredɪ] adverbe **déjà**

Boule has already taken Bill for a walk.
Boule a déjà promené Bill.

also [ˈɔːlsəʊ] adverbe **aussi**

Bill is his dog but he's also his friend.
Bill est son chien, mais c'est aussi son ami.

always [ˈɔːlweɪz] adverbe **toujours**

Bill is always hungry. Bill a toujours faim.

am (I) → be

among [əˈmʌŋ] préposition **parmi**

His teddy bear was among old things.
Son nounours était parmi de vieux objets.

and [ænd] conjonction **et**

Boule and Bill. Boule et Bill.

angry [ˈæŋgrɪ] adjectif **fâché, en colère**

I'm very angry with you, Bill.
Je suis très fâché contre toi, Bill.

He made me angry. Il m'a mise en colère.

animal [ˈæniml] nom **animal**

Regarde page ci-contre.

another [əˈnʌðəʳ] adjectif

1. **encore un, encore une**

Another coffee! Encore un café !

2. **un autre, une autre**

It wasn't Bill, it was another dog.
Ce n'était pas Bill, c'était un autre chien.

answer [ˈɑːnsəʳ]

- nom **réponse**
- verbe

1. **répondre à**

He didn't answer my letter.
Il n'a pas répondu à ma lettre.

2. **répondre**

Answer yes or no. Réponds oui ou non.

Animals

Au cours de leurs aventures, Bill, Boule et son papa rencontrent de très nombreux animaux. Voici ceux qu'ils ont vus en se promenant. Amuse-toi à les reconnaître.

birds

a deer

squirrels

Regarde aussi les animaux de la ferme page 47, les animaux familiers page 113, et les animaux sauvages page 169.

a wild boar

butterflies

bees

frogs

geese

any ['enɪ]

adjectif

1. Dans les questions : **du, de la, des**

Do you have any pencils?
As-tu des crayons ?

2. Dans les phrases négatives : **de**

The cat doesn't have any milk.
Le chat n'a pas de lait.

3. **n'importe quel, n'importe quelle**

You can find teachers like that in any school.
On trouve des professeurs comme ça dans n'importe quelle école.

pronom

1. **en**

Sorry, I don't have any.
Désolé, je n'en ai pas.

2. **n'importe lequel, n'importe laquelle**

– Which bone do you want, Bill?
– I'll take any of them.
– Quel os veux-tu, Bill ?
– Je prendrai n'importe lequel.

3. **any more**

Dans les questions : **encore du, encore de la, encore des**

Dans les phrases négatives : **ne... plus.**

Do you want any more potatoes?
Tu veux encore des pommes de terre ?

I don't see him any more. Je ne le vois plus.

CINQ MOTS AVEC ANY

On retrouve any dans quatre mots qui changent de sens selon la forme de la phrase.

- anybody ['enɪˌbɒdɪ], anyone ['enɪˌwʌn]

1. Dans les questions : **quelqu'un**

Is there anybody there?
Est-ce qu'il y a quelqu'un ?

2. Dans les phrases négatives : **personne**

Boule doesn't know anyone.
Boule ne connaît personne.

3. **n'importe qui**

Anybody will tell you that.
N'importe qui te le dira.

- anything ['enɪθɪŋ]

1. Dans les questions : **quelque chose**

Can you see anything?
Tu vois quelque chose ?

2. Dans les phrases négatives : **rien**

Bill didn't do anything!
Bill n'a rien fait !

3. **n'importe quoi**

We must expect anything.
Il faut s'attendre à n'importe quoi.

- anywhere ['enɪweəʳ]

1. Dans les questions : **quelque part**

Have you seen it anywhere?
L'as-tu vu quelque part ?

2. Dans les phrases négatives : **nulle part**

I can't find him anywhere.
Je ne le trouve nulle part.

3. **n'importe où**

You can put it anywhere.
Tu peux le mettre n'importe où.

Et anyway ['enɪweɪ] qui signifie toujours : **de toute façon**

Don't worry, I'll come anyway. *Ne t'inquiète pas, je viendrai de toute façon.*

apartment [əˈpɑːtmənt] nom **appartement**

Ce mot est américain et prend un seul "p".

apologize [əˌpɒlədʒaɪz] verbe **s'excuser**

Caroline apologized for walking on Boule's plants. Caroline s'est excusée d'avoir marché sur les fleurs de Boule.

apple [ˈæpl] nom **pomme**

April [ˈeɪprəl] nom **avril**

Attention : les noms de mois prennent toujours une majuscule.

In April, it's often windy.
En avril, il y a souvent du vent.

are (you) → be

arm [ɑːm] nom **bras**

armchair [ˈɑːmtʃeəʳ] nom **fauteuil**

What is he doing on the armchair?
Que fait-il sur le fauteuil ?

around [əˈraʊnd] préposition

1. En parlant d'un lieu : **autour de**

There's a wall around the garden.
Il y a un mur autour du jardin.

2. En parlant d'un prix, d'un poids ou de l'heure : **environ**

It costs around ten euros.
Ça coûte environ dix euros.

Around six o'clock. Environ six heures.

arrive [əˈraɪv] verbe **arriver**

Has the train arrived? Le train est-il arrivé ?

Ce verbe se conjugue avec "to have" et non "to be".

as [əz]

conjonction

1. **comme**

You can do as you like, Bill.
Tu peux faire comme tu veux, Bill.

2. Pour exprimer une raison : **puisque, comme**

– Let's go to bed as it's late.
– Allons nous coucher puisqu'il est tard.

adverbe

1. Pour exprimer une comparaison : **aussi**

My house is as big as yours.
Ma maison est aussi grande que la tienne.

2. as much as, as many as **autant que**

Bill eats as much as Boule.
Bill mange autant que Boule.

I have as many toys as you.
J'ai autant de jouets que toi.

On emploie "as much" pour parler d'une quantité de choses que l'on ne peut pas compter, et "as many" pour parler d'une quantité de choses que l'on peut compter.

ask [ɑːsk] verbe

1. **demander quelque chose à quelqu'un**

Boule asked Bill to help him.
Boule a demandé à Bill de l'aider.

2. **poser une question**

Jojo asked me a question.
Jojo m'a posé une question.

3. to ask for **demander quelque chose**

Lionel asked me for some money.
Lionel m'a demandé de l'argent.

asleep [əˈsliːp] adjectif

1. to be asleep **dormir**

Caroline is asleep.
Caroline dort.

2. to fall asleep **s'endormir**

at [ət, æt] préposition

1. En parlant de l'endroit où l'on est : **à**

Boule isn't at school today, he's at home.
Boule n'est pas à l'école aujourd'hui, il est à la maison.

2. En parlant de l'heure ou de la vitesse : **à**

Come and see me at eight.
Viens me voir à huit heures.

At 50 kilometres an hour.
À 50 kilomètres à l'heure.

3. **chez**

At the baker's. Chez le boulanger.

4. at last **enfin**

ate → **eat**

attention [əˈtenʃn] nom **attention**

To pay attention. Faire attention.

attic [ˈætɪk] nom **grenier**

August [ˈɔːgʌst] nom **août**

They go on holiday in August.
Ils partent en vacances en août.

Attention : les noms de mois prennent toujours une majuscule.

aunt [ɑːnt] nom **tante**

autumn [ˈɔːtəm] nom **automne**

En américain, "automne" se dit "fall".

avoid [əˈvɔɪd] verbe **éviter**

awake [əˈweɪk] adjectif

réveillé

Caroline is awake.
Caroline est réveillée.

away [əˈweɪ] adverbe

1. En parlant de la distance : **loin**

They live a long way away.
Ils habitent loin d'ici.

It's sixteen kilometres away.
C'est à seize kilomètres d'ici.

2. **absent**

Dad is away at the moment.
Papa est absent en ce moment.

awful [ˈɔːfʊl] adjectif **affreux**

The weather is really awful.
Le temps est vraiment affreux.

baby [ˈbeɪbɪ] nom **bébé**

Le pluriel de "baby" est "babies" [ˈbeɪbɪz].

*The **baby** is crying.*
Le bébé pleure.

back [bæk]

nom

1. dos

*Bill is lying on his **back**.*
Bill est couché sur le dos.

2. arrière

We were all sitting in the back of the car.
Nous étions tous assis à l'arrière de la voiture.

3. fond

Ryan likes to sit at the back of the class.
Ryan aime bien s'asseoir au fond de la classe.

adverbe

1. en arrière

Take a step or two back.
Fais un ou deux pas en arrière.

2. de retour

Dad isn't back yet.
Papa n'est pas encore de retour.

bacon [ˈbeɪkən] nom **bacon**

bad [bæd] adjectif **mauvais**

She is bad in English.
Elle est mauvaise en anglais.

That's not bad! Ça n'est pas mal !

Le comparatif de "bad" est "worse", le superlatif est "worst".

bag [bæg] nom

1. sac

2. valise

*They're packing their **bags**.*
Ils font leurs valises.

3. a school bag **un cartable**

bake [beɪk] verbe **faire cuire au four**

What is dad baking? Que fait cuire papa ?

baker [ˈbeɪkəʳ] nom **boulanger, boulangère**

He's a good baker. C'est un bon boulanger.

"Baker's" ou "baker's shop" désignent la boutique du boulanger : *Go to the baker's.*
Va chez le boulanger.

ball [bɔːl] nom
1. **balle**

A tennis ball.
Une balle de tennis.

2. **ballon**
In football you mustn't touch the ball with your hand. Au football, il ne faut pas toucher le ballon avec la main.
3. **boule**
It has the shape of a ball.
C'est en forme de boule.

balloon [bəˈluːn]
nom **ballon**

What beautiful balloons!
Quels beaux ballons !

banana [bəˈnɑːnə] nom **banane**

band [bænd] nom
1. **orchestre**
He plays in a jazz band.
Il joue dans un orchestre de jazz.
2. **groupe**
A rock band. Un groupe rock.

bank [bæŋk] nom
1. **banque**
2. En parlant d'un fleuve : **rive, bord**

bar [bɑː] nom
1. **barre**
An iron bar. Une barre de fer.
2. **barreau**
All the windows have bars.
Toutes les fenêtres ont des barreaux.
3. a bar of chocolate **une tablette de chocolat**
4. a bar of soap **une savonnette**

bark [bɑːk] verbe **aboyer**
Boule could hear Bill barking.
Boule entendait Bill qui aboyait.

baseball [ˈbeisbɔːl] nom **base-ball**

basket [ˈbɑːskɪt] nom
1. **panier**
A shopping basket. Un panier à provisions.
2. **corbeille**
A wastepaper basket.
Une corbeille à papier.

basketball [ˈbɑːskɪtbɔːl] nom
basket-ball, basket
The children were playing basketball.
Les enfants jouaient au basket.

bath [bɑːθ] nom
1. **baignoire**

Dad is in the bath.
Papa est dans la baignoire.

2. **bain**
Bill never wants to have a bath.
Bill ne veut jamais prendre de bain.

bathroom [ˈbɑːθrʊm] nom
1. salle de bains
2. En américain : toilettes
Boule has to go to the bathroom.
Boule doit aller aux toilettes.

be [biː] verbe être
Bill is Boule's best friend.
Bill est le meilleur ami de Boule.

Un verbe pas comme les autres

Il se conjugue de façon irrégulière :

Présent	Passé
I am ou *I'm*	*I was*
you are ou *you're*	*you were*
he/she/it is ou *he's/she's/it's*	*he/she/it was*
we are ou *we're*	*we were*
you are ou *you're*	*you were*
they are ou *they're*	*they were*

Le participe passé de be est been.

- On utilise be pour former les temps continus et les passifs :
What are you doing there?
Qu'est-ce que tu fais là ?
Dad's keys have been found.
Les clés de papa ont été retrouvées.

- Il se traduit par **avoir** dans les expressions comme :

To be hungry. Avoir faim.
To be thirsty. Avoir soif.
To be hot/cold. Avoir chaud/froid.
To be right/wrong. Avoir raison/tort.

- Il sert aussi à parler du temps et de la santé :

It's cold tonight. Il fait froid ce soir.
How are you, Bill?
Comment vas-tu, Bill?

beach [biːtʃ] nom plage
Le pluriel de "beach" est "beaches" [ˈbiːtʃɪz].

bean [biːn] nom haricot

bear [beəʳ] nom ours

beard [bɪəd] nom barbe
That man has a beard.
Cet homme porte la barbe.

beat [biːt] verbe battre
He was beating his dog with a stick.
Il battait son chien avec un bâton.
Our team beat them 5-1.
Notre équipe les a battus 5 à 1.
Le prétérit de "beat" est "beat" ; le participe passé est "beaten" [ˈbiːtn].

beautiful [ˈbjuːtɪfʊl] adjectif beau, belle
What a beautiful girl! Quelle belle fille !

became → become

because [bɪˈkɒz] conjonction
1. parce que
I'm going to bed because I'm tired. Je vais me coucher parce que je suis fatigué.
2. because of à cause de

become [bɪˈkʌm] verbe devenir
He wants to become a musician.
Il veut devenir musicien.
Ce verbe se conjugue avec "to have" et non "to be".
Le prétérit de "become" est "became" [bɪˈkeɪm] ; le participe passé est "become".

B

bed [bed] nom **lit**

I want to go to bed. Je veux me coucher.

Dad's in ***bed****.*
Papa est au lit.

bedroom [ˈbedrʊm] nom **chambre à coucher**

Boule is playing in his ***bedroom****.*
Boule joue dans sa chambre.

bee [biː] nom **abeille**

beef [biːf] nom **bœuf**

Attention : “beef” désigne la viande.
On emploie “ox” pour parler de l'animal.

been → be

before [biˈfɔː^{r}] préposition **avant**

Dad always comes home before six.
Papa rentre toujours avant six heures.

begin [bɪˈgɪn] verbe **commencer**

Bill began to eat his bone.
Bill a commencé à manger son os.

Le prétérit de “begin” est “began” [bɪˈgæn] ; le participe passé est “begun” [bɪˈgʌn].

behind [bɪˈhaɪnd] préposition **derrière**

There's a big garden behind the house.
Il y a un grand jardin derrière la maison.

believe [bɪˈliːv] verbe **croire**

I believe you. Je te crois.

bell [bel] nom

1. sonnette

Ring the bell and go in!
Appuyez sur la sonnette et entrez !

2. cloche

You could hear the church bells ringing.
On entendait les cloches de l'église sonner.

3. sonnerie

It's time to leave school. I can hear the bell. C'est la sortie des classes. J'entends la sonnerie.

belong [bɪˈlɒŋ] verbe **appartenir**

– This bone ***belongs*** *to me.*
– Cet os m'appartient.

below [bɪˈləʊ] adverbe **en dessous**

Who lives on the floor below?
Qui habite l'étage en dessous ?

belt [belt] nom **ceinture**

bend [bend] verbe
1. plier
Try to bend your arm.
Essaie de plier le bras.
2. tordre
Someone has bent this wire.
Quelqu'un a tordu ce fil de fer.
Le prétérit et le participe passé de "bend" sont "bent" [bent].

best [best]
adjectif **meilleur**
Bill is my best friend.
Bill est mon meilleur ami.
adverbe **mieux**
Jack is the one who plays the piano best.
C'est Jack qui joue le mieux du piano.
nom **the best** **le meilleur, la meilleure, les meilleurs, les meilleures**
Of all my friends, you are the best.
De tous mes amis, c'est toi le meilleur.

better [ˈbetəʳ]
adjectif
1. meilleur
Patrick is better than David in English.
Patrick est meilleur que David en anglais.

The weather is getting better!
Le temps s'améliore !

2. En parlant de la santé : mieux
Bill hurt his foot but he's getting better.
Bill s'est fait mal au pied, mais il va mieux.
adverbe **mieux**
You sing better than me.
Tu chantes mieux que moi.

between [bɪˈtwiːn] préposition **entre**

bicycle [ˈbaɪsɪkl] nom **bicyclette, vélo**

big [bɪg] adjectif
1. grand
This shirt is too big.
Cette chemise est trop grande.
2. gros

Boule is reading a big book.
Boule lit un gros livre.

bike [baɪk] nom **vélo**

bird [bɜːd] nom **oiseau**

birthday [ˈbɜːθdeɪ] nom **anniversaire**

Happy birthday, Bill!
Bon anniversaire, Bill !

bit [bɪt] nom
1. morceau
There's one bit of cake left.
Il reste un morceau de gâteau.
2. peu
Caroline might win the race with a bit of luck! Caroline pourrait bien gagner la course, avec un peu de chance !
I'm a bit tired. Je suis un peu fatigué.

bite [baɪt] verbe

1. mordre

Bill isn't a dog that will bite you.
Bill n'est pas un chien qui vous mordra.

2. piquer

A mosquito had bitten me.
Un moustique m'avait piqué.

Le prétérit de "bite" est "bit" [bɪt] ; le participe passé est "bitten" ['bɪtn].

black [blæk] adjectif noir

blew → blow

blood [blʌd] nom sang

blow [bləʊ] verbe

1. souffler

The wind is blowing.
Le vent souffle.

The teacher blew the whistle.
Le professeur a donné un coup de sifflet.

2. to blow out souffler (pour éteindre)

Boule blew the candles out on his cake.
Boule a soufflé les bougies de son gâteau.

Le prétérit de "blow" est "blew" [bluː] ; le participe passé est "blown" [bləʊn].

blue [bluː] adjectif bleu

board [bɔːd] nom

1. tableau

The teacher is writing things on the board.
Le professeur écrit au tableau.

On dit aussi "blackboard".

2. panneau d'affichage

Can you put this notice on the board?
Peux-tu mettre cette affiche sur le panneau ?

3. planche

The roof was made out of boards.
Le toit était fait de planches.

boat [bəʊt] nom bateau

They went to England by boat.
Ils sont allés en Angleterre en bateau.

body ['bɒdɪ] nom corps

Le pluriel de "body" est "bodies" ['bɒdɪz].

bone [bəʊn] nom

1. os

Boule is throwing Bill a bone.
Boule lance un os à Bill.

2. arête

This fish is full of bones.
Ce poisson est plein d'arêtes.

book [bʊk] nom livre

boot [buːt] nom

1. **botte**

*– Put your **boots** on, it's raining.*
– Mets tes bottes, il pleut.

2. **chaussure**

Football boots. Des chaussures de foot.

born [bɔːn] adjectif **né**

I was born in 1995. Je suis né en 1995.

Attention : "to be" s'emploie toujours au passé quand on donne une date de naissance.

borrow [ˈbɒrəʊ] verbe **emprunter**

I borrowed a pen from my friend.
J'ai emprunté un stylo à mon ami.

On utilise "from" pour traduire "à".

both [bəʊθ]

adjectif **les deux**

I was holding the book with both hands.
Je tenais le livre avec les deux mains.

pronom **tous les deux**

*They **both** have a dog.*
Ils ont tous les deux un chien.

bottle [ˈbɒtl] nom **bouteille**

bottom [ˈbɒtəm]

nom

1. **fond**

*Bill's bone is at the **bottom** of the river.*
L'os de Bill est au fond de la rivière.

2. **pied**

My house is at the bottom of a hill.
Ma maison se trouve au pied d'une colline.

adjectif

1. **du bas**

I took the book from the bottom shelf.
J'ai pris le livre sur l'étagère du bas.

2. **dernier**

Boule doesn't want to be bottom of the class. Boule ne veut pas être le dernier de la classe.

bought → buy

box [bɒks] nom **boîte**

Le pluriel de "box" est "boxes" [ˈbɒksɪz].

boy [bɔɪ] nom **garçon**

Boule and Pouf are very nice boys.
Boule et Pouf sont des garçons très sympathiques.

bread [bred] nom **pain**

I want some bread, please.
Je veux du pain, s'il te plaît.

Boule was eating some bread and butter.
Boule mangeait une tartine de beurre.

B

break [breɪk]

verbe

1. casser

Be careful, Boule! You're going to break the glass! Fais attention, Boule ! Tu vas casser le verre !

2. se casser

Dad dropped the plate and it broke. Papa a laissé tomber l'assiette et elle s'est cassée.

He broke his leg. Il s'est cassé la jambe.

Le prétérit de "break" est "broke" [brəʊk] ; le participe passé est "broken" ['brəʊkn].

nom

1. récréation

They play football during the break.
Ils jouent au foot pendant la récréation.
En américain, "récréation" se dit "recess".

2. pause

It's time for a little break.
C'est l'heure de faire une petite pause.

breakfast ['brekfəst] nom

petit déjeuner

Dad has his breakfast at six o'clock.
Papa prend son petit déjeuner à six heures.

bridge [brɪdʒ] nom pont

bright [braɪt] adjectif

1. clair

Boule's room is very bright.
La chambre de Boule est très claire.

2. vif

I like the bright colours of this bird.
J'aime les couleurs vives de cet oiseau.

3. intelligent

Bill isn't always bright. Bill n'est pas toujours intelligent.

bring [brɪŋ] verbe

1. apporter

Bring me my glasses.
Apporte-moi mes lunettes.

2. amener

Boule brought his friend home.
Boule a amené son ami chez lui.

3. to bring back ramener

Le prétérit et le participe passé de "bring" sont "brought" [brɔːt].

broke, broken → break

brother ['brʌðəʳ] nom frère

brought → bring

brown [braʊn] adjectif brun, marron

brush [brʌʃ]

nom

1. brosse

Bill hid the brush. Bill a caché la brosse.

2. pinceau

We have the paint but we need a brush.
Nous avons la peinture, mais il nous faut un pinceau.

verbe brosser

Don't forget to brush your teeth.
N'oublie pas de te brosser les dents.

build [bɪld] verbe **construire**

Le prétérit et le participe passé de “build” sont “built” [bɪlt].

building ['bɪldɪŋ] nom **bâtiment**

built → build

bull [bʊl] nom **taureau**

bump [bʌmp]

nom **bosse**

Bill has a bump on his head.
Bill a une bosse à la tête.

verbe **cogner**

I've bumped my head.
Je me suis cogné la tête.

*Poor Bill, he **bumped** into a tree!*
Pauvre Bill, il est rentré dans un arbre !

burn [bɜːn] verbe **brûler**

Le prétérit et le participe passé de “burn” peuvent être soit réguliers : “burned”, soit irréguliers : “burnt” [bɜːnt].

bus [bʌs] nom

1. **bus, autobus**

Do we have to take the bus?
Est-ce qu'il faut prendre le bus ?

2. **car, autocar**

We went by bus to Spain.
Nous sommes allés en Espagne en autocar.

3. bus stop **arrêt de bus**

busy ['bɪzɪ] adjectif

1. **occupé**

*– Go away, Bill. I'm very **busy**!*
– Va-t'en, Bill. Je suis très occupé !

2. **chargé**

*Dad had a **busy** day.*
Papa a eu une journée chargée.

but [bʌt] conjonction **mais**

butcher ['bʊtʃəʳ] nom
boucher, bouchère

*Bill loves the **butcher**.*
Bill adore le boucher.

butter ['bʌtəʳ] nom **beurre**

butterfly [ˈbʌtəflaɪ] nom **papillon**

Le pluriel de "butterfly" est "butterflies" [ˈbʌtəflaɪz].

buy [baɪ] verbe **acheter**

Le prétérit et le participe passé de "buy" sont "bought" [bɔːt].

Bill wants to buy flowers for his mum.
Bill veut acheter des fleurs pour sa maman.

by [baɪ] préposition

1. Indique l'agent ou la manière : **par**

This bone was chosen by Bill.
Cet os a été choisi par Bill.

We must learn the lesson by heart.
Il faut apprendre la leçon par cœur.

2. Indique le créateur, l'auteur : **de**

A book by Dickens. Un livre de Dickens.

3. Indique le moyen : **en**

By boat. En bateau.

4. Indique un délai : **avant**

We must finish by two o'clock.
Il faut terminer avant deux heures.

Il y a de nombreuses expressions idiomatiques avec "by", telles que : ***by night***, de nuit ; ***one by one***, un à un ; ***close by***, tout près.

bye, bye-bye [baɪ, ˈbaɪbaɪ] exclamation **au revoir, salut**

"Bye" et "bye-bye" sont les abréviations familières de "goodbye".

C c

cabbage [ˈkæbɪdʒ] nom chou

Caroline was eating some cabbage.
Caroline mangeait du chou.

cake [keɪk] nom gâteau

He likes *cakes*.
Il aime les gâteaux.

call [kɔːl]

nom **appel**

A telephone call.
Un appel téléphonique.

verbe

1. appeler

Bill, dad's calling you! Bill, papa t'appelle !

Everybody calls him Jim.
Tout le monde l'appelle Jim.

2. passer

My uncle called to see me this morning.
Mon oncle est passé me voir ce matin.

3. to call back rappeler

Boule is out, call back later.
Boule n'est pas là, rappelle plus tard.

came → come

camel [ˈkæml] nom chameau

camera [ˈkæmərə] nom

1. appareil photo
2. caméra

can [kən, kæn]

Vous avez dit modal ?

Can s'utilise comme un verbe, mais il n'a pas d'infinitif et ne se conjugue pas : c'est un **auxiliaire modal**.
On l'emploie pour :

1. Dire ce que l'on peut faire physiquement : **pouvoir**

You can help me if you want to.
Tu peux m'aider si tu veux.

2. Exprimer une permission ou une demande : **pouvoir**

Can I go now?
Puis-je partir maintenant ?

3. Parler de ce que l'on a appris à faire : **savoir**

Can Caroline swim? Caroline sait-elle nager ?

La forme négative de can est can't ou cannot.
Le passé est could.

can [kæn] nom **boîte (de conserve)**

En anglais britannique, on dit aussi “tin”.

What's going to happen to this can?
Que va-t-il arriver à cette boîte ?

candy [ˈkændɪ] nom **bonbon**

Jojo is eating some candy.
Jojo mange un bonbon.

Le mot “candy” est américain. Le pluriel est “candies” [ˈkændɪz].

cannot, can't → can

cap [kæp] nom

1. **casquette**

Pouf always wears a cap.
Pouf porte toujours une casquette.

2. **capsule**

A bottle cap. Une capsule de bouteille.

car [kɑːʳ] nom **voiture**

Let's go by car. Allons-y en voiture.

A car crash. Un accident de voiture.

card [kɑːd] nom **carte**

Bill got lots of birthday cards. Bill a reçu beaucoup de cartes d'anniversaire.

Boule and Pouf are playing cards.
Boule et Pouf jouent aux cartes.

care [keəʳ] nom

1. **soin**

The doctor treated him with care.
Le médecin l'a traité avec soin.

2. to take care of **s'occuper de**

Who will take care of Bill?
Qui va s'occuper de Bill ?

3. I don't care! **Ça m'est égal !**

careful [ˈkeəfʊl] adjectif **prudent**

I'm always careful. Je suis toujours prudent.

Be careful! Fais attention !

carpet [ˈkɑːpɪt] nom

1. **tapis**
2. **moquette**

carrot [ˈkærət] nom **carotte**

Attention : le mot anglais “carrot” prend deux “r” et un seul “t”.

carry [ˈkærɪ] verbe

1. **porter**

He's carrying a box. Il porte une boîte.

2. **transporter**

This car carries four passengers.
Cette voiture transporte quatre passagers.

3. to carry on **continuer**

Carry on playing, Bill. Continue à jouer, Bill.

La troisième personne du singulier de “carry” est “carries” [ˈkærɪz] ; le prétérit et le participe passé sont “carried” [ˈkærɪd].

cartoon [kɑːˈtuːn] nom
1. **dessin humoristique, caricature**
2. **bande dessinée**
3. **dessin animé**

case, suitcase [keɪs, ˈsuːtkeɪs] nom
valise

Mum and dad are packing their cases.
Maman et papa font leurs valises.

castle [ˈkɑːsl] nom **château**
"Castle" désigne un château fort ou un château ancien ; sinon, on dit "palace".

cat [kæt] nom **chat**

catch [kætʃ] verbe
1. **attraper**
Catch the ball, dad! Attrape la balle, papa !
He has caught a cold. Il a attrapé un rhume.
2. **coincer**
He caught his finger in the door.
Il s'est coincé le doigt dans la porte.
Le prétérit et le participe passé de "catch" sont "caught" [kɔːt].

cauliflower [ˈkɒlɪˌflaʊəʳ] nom
chou-fleur

cellar [ˈseləʳ] nom **cave**

centre [ˈsentəʳ] nom **centre**
En américain, on écrit "center".

chair [tʃeəʳ] nom **chaise**

chalk [tʃɔːk] nom **craie**

change [tʃeɪndʒ]

verbe
1. **changer**
Bill will never change!
Bill ne changera jamais !
2. **changer de**
Patrick changed his mind.
Patrick a changé d'avis.
3. **se changer**
Boule, go and change in your room.
Boule, va te changer dans ta chambre.
nom
1. **changement**
2. **monnaie**
Don't forget your change.
N'oublie pas ta monnaie.

chase [tʃeɪs] verbe **poursuivre**

Bill is chasing the mouse.
Bill poursuit la souris.

cheap [tʃiːp] adjectif **pas cher, bon marché**
These books are cheaper in the supermarket. Ces livres sont moins chers au supermarché.

check [tʃek] verbe
1. En parlant de calculs, de faits : **vérifier**
2. En parlant de billets, de passeports : **contrôler**

cheese [tʃiːz] nom **fromage**

Bill was eating some cheese.
Bill mangeait du fromage.

cherry [ˈtʃerɪ] nom **cerise**

Le pluriel de "cherry" est "cherries" [ˈtʃerɪz].

chest [tʃest] nom **poitrine**

chicken [ˈtʃɪkɪn] nom **poulet**

Everybody loves chicken.
Tout le monde aime le poulet.

child [tʃaɪld] nom **enfant**

Le pluriel de "child" est "children" [ˈtʃɪldrən].

chimney [ˈtʃɪmnɪ] nom **cheminée**

chin [tʃɪn] nom **menton**

chocolate [ˈtʃɒkələt] nom **chocolat**

Dad loves chocolate.
Papa adore le chocolat.
A chocolate cake. Un gâteau au chocolat.

choose [tʃuːz] verbe **choisir**

Le prétérit de "choose" est "chose" [tʃəʊz] ; le participe passé est "chosen" [ˈtʃəʊzn].

Christmas [ˈkrɪsməs] nom **Noël**

– Happy Christmas, Bill!
– Joyeux Noël, Bill !

church [tʃɜːtʃ] nom **église**

Do you go to church?
Est-ce que vous allez à l'église ?

cinema [ˈsɪnəmə] nom **cinéma**

To go to the cinema. Aller au cinéma.

En américain, on dit "movies".

circle [ˈsɜːkl] nom **cercle**

city [ˈsɪtɪ] nom **ville**

Le pluriel de "city" est "cities" [ˈsɪtɪz].

class [klɑːs] nom **classe**

Boule's in Mr Morris's class.
Boule est dans la classe de M. Morris.

Attention : pour parler de la salle de classe, on doit dire "classroom" [ˈklɑːsrʊm].

This is Boule's classroom.
C'est la classe de Boule.

clean [kliːn]

adjectif **propre**

Boule was wearing a clean shirt.
Boule portait une chemise propre.

verbe **nettoyer**

I have to clean my room.
Je dois nettoyer ma chambre.

Boule was cleaning his teeth.
Boule se brossait les dents.

clever [ˈklevəʳ] adjectif

1. **intelligent**
2. **habile**

You're really clever with your hands, dad!
Tu es vraiment habile de tes mains, papa !

climb [klaɪm] verbe

1. **monter sur**

Boule was trying to climb the tree.
Boule essayait de monter sur l'arbre.

2. **monter**

I heard Bill climbing the stairs.
J'entendais Bill monter l'escalier.

3. **escalader, grimper**

On peut aussi utiliser "to climb up" pour ces trois sens.

clock [klɒk] nom

1. **pendule**
2. **horloge**

close [kləʊs]

adjectif

1. **proche**

She is a very close friend.
C'est une amie très proche.

2. close to **près de**

Boule's house is close to the school.
La maison de Boule est près de l'école.

adverbe **tout près**

My friends live close by.
Mes amis habitent tout près.

verbe **fermer**

The door is closed. La porte est fermée.

This door doesn't close.
Cette porte ne ferme pas.

Le verbe se prononce [kləʊz].

clothes [kləʊðz] nom pluriel **vêtements**

cloud [klaʊd] nom **nuage**

They are watching the clouds.
Ils regardent les nuages.

coach [kəʊtʃ] nom **car, autocar**

The whole class went to Scotland by coach.
Toute la classe est allée en Écosse en car.

En américain, on dit "bus".

coast [kəʊst] nom **côte**

Brighton is on the coast.
Brighton est sur la côte.

coat [kəʊt] nom **manteau**

cock [kɒk] nom **coq**

En américain, on dit "rooster" [ˈruːstəʳ].

coffee [ˈkɒfɪ] nom **café**

cold [kəʊld]

adjectif **froid**

My feet are cold. J'ai les pieds froids.

Attention : on utilise le verbe "to be" dans les expressions où l'on parle du temps ou de la température : ***Bill is cold.*** Bill a froid. ***It's very cold today.*** Il fait très froid aujourd'hui.

nom

1. **rhume**

He has caught a cold. Il a attrapé un rhume.

2. **froid**

I don't like the cold. Je n'aime pas le froid.

colour [ˈkʌlər] nom **couleur**

What colour is your bike?
De quelle couleur est ton vélo ?

En américain, on écrit "color".

What nice colour photos!
Quelles belles photos en couleur !

comb [kəʊm]

nom **peigne**

verbe **peigner**

Boule is combing Bill's hair.
Boule peigne Bill.

come [kʌm] verbe

1. **venir**

Come and see me, Bill. Viens me voir, Bill.

2. **arriver**

I'm coming! J'arrive !

Le prétérit de "come" est "came" [keɪm] ; le participe passé est "come".

Ce verbe se conjugue avec "to have" et non "to be".

Encore d'autres sens...

Come change de sens en fonction de la préposition qui le suit :

- *to come back* → **revenir**
- *to come down* → **descendre**
- *to come in* → **entrer**
- *to come out* → **sortir**
- *to come up* → **monter**
- *come on!* → **allez ! dépêche-toi !**

comic [ˈkɒmɪk] nom

bande dessinée

En américain, on dit "comics" [ˈkɒmɪks].

– I love reading comics.
– J'adore lire les bandes dessinées.

completely [kəmˈpliːtlɪ] adverbe

tout à fait, complètement

computer [kəmˈpjuːtəʳ] nom

ordinateur

cook [kʊk] verbe
1. **faire cuire**

Dad is cooking the soup.
Papa fait cuire la soupe.

2. **préparer**
Dad will cook breakfast.
Papa va préparer le petit déjeuner.
3. **cuire**
The beans are cooking.
Les haricots sont en train de cuire.
4. **faire la cuisine**
Do you like cooking, Boule?
Tu aimes faire la cuisine, Boule ?

cool [kuːl] adjectif **frais**
The water is cool. L'eau est fraîche.

It's cool.
Il fait frais.

corner [ˈkɔːnəʳ] nom **coin**
Boule's house is on the corner of the street.
La maison de Boule est au coin de la rue.

cost [kɒst] verbe **coûter**
How much does it cost? Combien ça coûte ?
Le prétérit et le participe passé de "cost" sont "cost".

could → can

count [kaʊnt] verbe **compter**

country [ˈkʌntrɪ] nom
1. **pays**
Regarde pages 32-33.
2. **campagne**
He lives in the country. Il vit à la campagne.
Le pluriel de "country" est "countries" [ˈkʌntrɪz].

cover [ˈkʌvəʳ] verbe **couvrir**

The grass is covered with bones.
L'herbe est couverte d'os.

cow [kaʊ] nom **vache**

crash [kræʃ] nom
1. **accident**
A plane crash. Un accident d'avion.
2. **fracas**

crazy [ˈkreɪzɪ] adjectif **fou**

cross [krɒs]
- nom **croix**
- verbe

1. **traverser**
Boule and Bill were crossing the road.
Boule et Bill traversaient la rue.
2. **croiser**
The children crossed their arms.
Les enfants ont croisé les bras.

Countries

Boule, son chien et ses parents ont visité quatre continents. Découvre avec eux le nom de ces continents et de leurs habitants.

Attention !
Note bien que l'on ne met pas d'article devant les noms des continents, ni devant la plupart des noms de pays :
I love Africa. J'adore l'Afrique.
Do you know India? Connais-tu l'Inde ?

The Europeans live in Europe.
Les Européens vivent en Europe.

The Asians live in Asia.
Les Asiatiques vivent en Asie.

En anglais britannique, on utilise "Asian" avant tout pour parler des personnes d'origine indienne ou pakistanaise.

The Africans live in Africa.
Les Africains vivent en Afrique.

The Americans live in America. Les Américains vivent en Amérique.

Bill a des amis dans tous les pays du monde. En voici quelques-uns.

Attention !
Note bien que l'on met toujours une majuscule aux adjectifs de nationalité.

– Je vis en France, je suis français.

– Je vis en Chine, je suis chinois.

– Je vis aux États-Unis, je suis américain.

– Je vis en Grande-Bretagne, je suis britannique.

Le Royaume-Uni (United Kingdom) est constitué de la Grande-Bretagne (Great Britain), de l'Irlande du Nord (Northern Ireland) et de plusieurs îles. La Grande-Bretagne est elle-même composée de l'Angleterre (England), du Pays de Galle (Wales) et de l'Écosse (Scotland). Les adjectifs de nationalité correspondants sont : British, Irish, English, Welsh et Scottish.

Découvre d'autres noms de pays et leurs adjectifs de nationalité dans le tableau ci-dessous.

Belgique	➜	***Belgium***	belge	➜	***Belgian***
Suisse	➜	***Switzerland***	suisse	➜	***Swiss***
Allemagne	➜	***Germany***	allemand	➜	***German***
Italie	➜	***Italy***	italien	➜	***Italian***
Espagne	➜	***Spain***	espagnol	➜	***Spanish***
Canada	➜	***Canada***	canadien	➜	***Canadian***

cry [kraɪ] verbe pleurer

*They are **crying**.*
Ils pleurent.

La troisième personne du singulier de "cry" est "cries" [kraɪz].
Le prétérit et le participe passé sont "cried" [kraɪd].

cucumber ['kju:kʌmbəʳ] nom concombre

I love cucumber sandwiches.
J'aime les sandwichs au concombre.

cup [kʌp] nom tasse

Dad was drinking a cup of coffee.
Papa buvait une tasse de café.

curtain ['kɜ:tn] nom rideau

Draw the curtains. Tire les rideaux.

cut [kʌt] verbe couper

Boule has cut his finger.
Boule s'est coupé le doigt.
Le prétérit et le participe passé de "cut" sont "cut".

cycle ['saɪkl]

verbe **aller à bicyclette**
They cycle to school.
Ils vont à l'école à bicyclette.

nom **bicyclette**
On peut dire aussi "bicycle" ['baɪsɪkl].

dad [dæd] nom **papa**

Dans le langage familier, on dit aussi "daddy" [ˈdædɪ]. Le pluriel de "daddy" est "daddies" [ˈdædɪz].

dance [dɑːns]

verbe **danser**

*They're **dancing**.*
Ils dansent.

nom **danse**

Attention : le mot anglais "dance" prend un "c" et non un "s".

dangerous [ˈdeɪndʒərəs] adjectif

dangereux

dare [deə^r] verbe **oser**

*Caroline didn't **dare** to put her head out of her shell.*
Caroline n'osait pas sortir sa tête de sa carapace.

dark [dɑːk] adjectif

1. En parlant d'une pièce ou d'une rue : **sombre**

*Boule's room is very **dark**.*
La chambre de Boule est très sombre.

2. En parlant de la nuit :

*It's **dark**.*
Il fait nuit.

3. En parlant de la peau ou des cheveux : **brun**

Dark skin. La peau brune.

4. En parlant des cheveux : **noir**

Dad has dark hair. Papa a les cheveux noirs.

Pour les cheveux, "dark" signifie soit "brun", soit "noir".

date [deɪt] nom **date**

What's the date today?
Quelle est la date aujourd'hui ?/ Quel jour sommes-nous ?

daughter [ˈdɔːtəʳ] nom **fille**

Boule's parents don't have any daughters.
Les parents de Boule n'ont pas de filles.

day [deɪ] nom

1. **jour**

They play together every day.
Ils jouent ensemble tous les jours.

2. **journée**

Caroline spent the whole day sleeping.
Caroline a passé toute la journée à dormir.

dead [ded] adjectif **mort**

Bill found a dead mouse. Bill a trouvé une souris morte.

dear [dɪəʳ]

adjectif **cher**

A very dear friend. Un ami très cher.

Six euros is too dear!
Six euros, c'est trop cher !

exclamation **Oh dear! Mon Dieu !**

December [dɪˈsembəʳ] nom **décembre**

Attention : les noms de mois prennent toujours une majuscule.

It's always cold in December.
Il fait toujours froid en décembre.

decide [dɪˈsaɪd] verbe **décider**

Boule decided to stay at home.
Boule a décidé de rester à la maison.

decision [dɪˈsɪʒən] nom **décision**

At last, he made a decision.
Enfin, il a pris une décision.

deep [diːp] adjectif **profond**

deer [dɪəʳ] nom **cerf**

describe [dɪˈskraɪb] verbe **décrire**

desk [desk] nom **bureau**

He's sitting at his desk.
Il est assis à son bureau.

did, didn't → do

die [daɪ] verbe **mourir**

The old man died yesterday.
Le vieux monsieur est mort hier.

difference [ˈdɪfrəns] nom **différence**

different [ˈdɪfrənt] adjectif **différent**

Bill is very different from Blacky.
Bill est très différent de Blacky.

difficult [ˈdɪfɪkəlt] adjectif **difficile**

That's difficult to do. C'est difficile à faire.

dig [dɪg] verbe **creuser**

Le prétérit et le participe passé de “dig” sont “dug” [dʌg].

Bill is always digging holes.
Bill creuse tout le temps des trous.

dining room ['daɪnɪŋ ruːm] nom
salle à manger

dinner ['dɪnəʳ] nom **dîner**

It's time for dinner.
C'est l'heure du dîner.

We were having dinner.
Nous étions en train de dîner.
School dinners.
Des repas pris à la cantine scolaire.

direction [dɪ'rekʃn] nom
1. **direction, sens**
He isn't going in the right direction.
Il ne va pas dans la bonne direction.
2. in the opposite direction **en sens inverse**
3. to ask for directions **demander son chemin**

dirty ['dɜːtɪ] adjectif **sale**

do [duː] verbe **faire**
Go and do your homework.
Va faire tes devoirs.
What's Bill doing? Que fait Bill ?
La troisième personne du singulier de “do” est “does” [dəz]. Le prétérit est “did” [dɪd] et le participe passé est “done” [dʌn].
Les formes négatives sont “don't” [dəʊnt], “doesn't” ['dʌzənt] et “didn't” ['dɪdnt].

Do EST AUSSI UN AUXILIAIRE

On l'utilise pour :

- Former des questions :

Do you like watching TV?
Tu aimes regarder la télé ?

- Former des négations :

No, I don't like watching TV.
Non, je n'aime pas regarder la télé.

- Remplacer un verbe :

You speak English, don't you?
Vous parlez anglais, non ?
He doesn't play football, does he?
Il ne joue pas au foot, n'est-ce pas ?
Mum likes tea, and so do I.
Maman aime le thé, et moi aussi.

doctor ['dɒktəʳ] nom **médecin**

dog [dɒg] nom **chien**

doll [dɒl] nom **poupée**

done, don't, doesn't → do

donkey ['dɒŋkɪ] nom **âne**

door [dɔːʳ] nom **porte**

down [daʊn]

adverbe

1. en bas

– *Try not to look down!*
– Essayez de ne pas regarder en bas !

2. par terre

Bill fell down. Bill est tombé par terre.

3. Se traduit par un verbe :

Come down, dad! Descends, papa !

Prices are coming down. Les prix baissent.

préposition

1. en bas de

Bill's already down the hill.
Bill est déjà en bas de la côte.

2. Se traduit par un verbe :

Dad was walking down the street.
Papa descendait la rue.

Don't run down the stairs.
Ne cours pas dans l'escalier.

downstairs [ˌdaʊnˈsteəz] adverbe

1. en bas

Wait for me downstairs.
Attends-moi en bas.

2. Se traduit par un verbe :

Dad went downstairs.
Papa a descendu l'escalier.

drank → drink

draw [drɔː] verbe

1. dessiner

Boule drew a dog.
Boule a dessiné un chien.

2. to draw a picture **faire un dessin**

You've drawn a lovely picture.
Tu as fait un joli dessin.

3. tirer

Draw a line in your exercise books.
Tirez un trait dans vos cahiers.

Le prétérit de "draw" est "drew" [druː] ; le participe passé est "drawn" [drɔːn].

drawer [drɔːʳ] nom **tiroir**

drawing [ˈdrɔːɪŋ] nom **dessin**

drawn → draw

dress [dres]

nom **robe**

Mum was wearing a nice red dress.
Maman portait une belle robe rouge.

verbe

1. habiller

Mum was dressed in blue.
Maman était habillée de bleu.

2. to get dressed **s'habiller**

Get dressed, Boule. Habille-toi, Boule.

drew → draw

drink [drɪŋk]

nom

1. boisson

They sell cold drinks. Ils vendent des boissons fraîches.

2. Se traduit par boire

*– Do you want a **drink**?*
– Tu veux boire quelque chose ?

verbe **boire**

Le prétérit de "drink" est "drank" [dræŋk] ; le participe passé est "drunk" [drʌŋk].

drive [draɪv]

nom

1. promenade en voiture

They went for a drive.
Ils ont fait une promenade en voiture.

2. trajet en voiture

It's a long drive. Le trajet en voiture est long.

verbe

1. conduire

*– I'm old enough to **drive**.*
– J'ai l'âge de conduire.

2. aller en voiture

Dad didn't want to drive so we went by train. Papa ne voulait pas y aller en voiture, nous avons donc pris le train.

3. rouler

In the UK they drive on the left.
Au Royaume-Uni, on roule à gauche.

Le prétérit de "drive" est "drove" [drəʊv] ; le participe passé est "driven" ['drɪvn].

drop [drɒp]

verbe

1. laisser tomber

*Bill **dropped** his bone.*
Bill a laissé tomber son os.

2. tomber

The plate dropped and broke.
L'assiette est tombée et s'est cassée.

nom **goutte**

drove → drive

drum [drʌm] nom

1. tambour

He's playing the drum. Il joue du tambour.

2. the drums la batterie

Can you play the drums?
Tu sais jouer de la batterie ?

drunk → drink

dry [draɪ] adjectif **sec**

duck [dʌk] nom **canard**

dug → dig

during ['djʊərɪŋ] préposition **pendant**

During the night. Pendant la nuit.

E e

ear [ɪəʳ] nom **oreille**

early [ˈɜːlɪ] adverbe et adjectif

1. **tôt, de bonne heure**

Bill doesn't like getting up early. **Bill n'aime pas se lever tôt.**

You're early, Boule. Tu arrives de bonne heure, Boule.

2. **en avance**

They came to school early today. Ils sont arrivés à l'école en avance aujourd'hui.

earth [ɜːθ] nom **terre**

Bill is digging in the earth. Bill est en train de creuser la terre.

The Earth goes round the Sun. La Terre tourne autour du Soleil.

Easter [ˈiːstəʳ] nom **Pâques**

Boule's uncle is coming to visit him at Easter. L'oncle de Boule va lui rendre visite à Pâques.

easy [ˈiːzɪ] adjectif **facile**

It's easy to do. C'est facile à faire.

eat [iːt] verbe **manger**

Le prétérit de "eat" est "ate" [eɪt] ; le participe passé est "eaten" [ˈiːtn].

egg [eg] nom **œuf**

There are some eggs in his kennel. **Il y a des œufs dans sa niche.**

elbow [ˈelbəʊ] nom **coude**

elephant [ˈelɪfənt] nom **éléphant**

elevator [ˈelɪveɪtəʳ] nom **ascenseur**

Ce mot est américain. En anglais britannique, on dit "lift".

else [els] adverbe

1. **d'autre**

Somebody else. Quelqu'un d'autre.

There's nothing else to do. Il n'y a rien d'autre à faire.

2. everybody else **tous les autres**
3. something else **autre chose**

email [ˈiːmeɪl] nom **e-mail, courrier électronique, courriel**

empty [ˈemptɪ] adjectif **vide**

end [end]

nom

1. **fin**

*– Let me look at the **end** of the film, dad.*
– Laisse-moi regarder la fin du film, papa.

2. **bout**

Sharpen the end of your pencil.
Taille le bout de ton crayon.

verbe **finir**

The film ended at six.
Le film a fini à six heures.

enjoy [ɪnˈdʒɔɪ] verbe **aimer**

I enjoy playing the piano.
J'aime jouer du piano.
He enjoyed the cake. Il a aimé le gâteau.

enough [ɪˈnʌf]

adverbe **assez**

You're not big enough to go out by yourself.
Tu n'es pas assez grand(e) pour sortir tout(e) seul(e).

adjectif **assez de**

I don't have enough time.
Je n'ai pas assez de temps.

even [ˈiːvn] adverbe

1. **même**

Bill can't even swim.
Bill ne sait même pas nager.

2. **encore**

It's even hotter in August.
Il fait encore plus chaud en août.

evening [ˈiːvnɪŋ] nom

1. **soir**
2. **soirée**

event [ɪˈvent] nom **événement**

ever [ˈevə^{r}] adverbe

1. **jamais**

It's the best meal I've ever eaten.
C'est le meilleur repas que j'aie jamais fait.

2. **déjà**

Have you ever been to America?
Es-tu déjà allé en Amérique ?

3. **toujours**

For ever. Pour toujours.

every [ˈevrɪ] adjectif

1. **chaque**

*It rains **every** time he goes out.*
Il pleut chaque fois qu'il sort.

2. **every day** **tous les jours**

Regarde page 43.

everybody [ˈevrɪˌbɒdɪ] pronom
tout le monde
Everybody loves her. Tout le monde l'aime.
On dit aussi "everyone" [ˈevrɪˌwʌn].

everything [ˈevrɪθɪŋ] pronom tout

Bill has eaten everything.
Bill a tout mangé.

everywhere [ˈevrɪweəʳ] adverbe
partout
I've looked everywhere for my book.
J'ai cherché mon livre partout.

example [ɪgˈzɑːmpl] nom exemple
Attention : le mot anglais "example" s'écrit avec un "a" et non un "e".

except [ɪkˈsept] préposition sauf
We all left except dad.
Nous sommes tous partis sauf papa.

excuse [ɪkˈskjuːz]
verbe excuser
Excuse me! Excusez-moi !
nom excuse

exercise [ˈeksəsaɪz] nom
1. exercice
A hard exercise. Un exercice difficile.

They do exercises every morning.
Ils font des exercices tous les matins.

2. exercise book cahier
Attention : le mot anglais "exercise" s'écrit avec un "s" et non un "c".

expensive [ɪkˈspensɪv] adjectif cher

explain [ɪkˈspleɪn] verbe expliquer
I explained it to him. Je le lui ai expliqué.

eye [aɪ] nom œil
Look at Bill's eyes. Regarde les yeux de Bill.

Every morning

Boule raconte ce qu'il a l'habitude de faire tous les matins.

« Every morning, I wake up at 8 o'clock…
« Tous les matins, je me réveille à 8 heures…

… I get up immediately…
… je me lève aussitôt…

… I brush my teeth…
… je me brosse les dents…

… I get dressed…
… je m'habille…

… I have breakfast…
… je prends mon petit déjeuner…

… and I go to school. »
… et je vais à l'école. »

Les verbes qu'il emploie sont au présent simple. S'il décrivait ce qu'il est en train de faire, il utiliserait une forme en *–ing*. Il dirait : *I'm waking up, I'm getting up, I'm brushing my teeth, I'm getting dressed, I'm having breakfast, I'm going to school.*

face [feɪs]

nom **visage**

Mum has a pretty face. Maman a un joli visage.

verbe

To be facing something. Être en face de quelque chose.

Boule sat facing his dad. Boule était assis en face de son père.

fair [feə^r] adjectif

1. **juste**

That's not fair, Bill! Ce n'est pas juste, Bill !

2. **blond**

Mum has fair hair. **Maman a les cheveux blonds.**

fall [fɔːl]

verbe

1. **tomber**

The snow was falling. La neige tombait.

2. **to fall down, to fall over tomber**

Boule was running and fell over. Boule est tombé en courant.

3. **to fall off tomber**

Don't go up there, you're going to fall off. Ne va pas là-haut, tu vas tomber.

4. **to fall off something tomber de quelque chose**

Boule has fallen off the wall. Boule est tombé du mur.

Le prétérit de "fall" est "fell" [fel] ; le participe passé est "fallen" [ˈfɔːlən].

Ce verbe se conjugue avec "to have" et non "to be".

nom **automne**

Ce mot est américain. En anglais britannique, on dit "autumn".

fairly [ˈfeəlɪ] adverbe **assez**

Boule's dad is fairly young. **Le papa de Boule est assez jeune.**

family [ˈfæmɪlɪ] nom **famille**

Le pluriel de “family” est “families” [ˈfæmɪliz].

Here is Bill’s family.
C’est la famille de Bill.

famous [ˈfeɪməs] adjectif **célèbre**

far [fɑːʳ] adverbe **loin**

Our school is not very far away.
Notre école n’est pas très loin.

How far is it to the station? Combien y a-t-il de kilomètres jusqu’à la gare ?

Le comparatif de “far” est “further” ou “farther” ; le superlatif est “furthest” ou “farthest”.

farm [fɑːm] nom **ferme**

On the farm there are lots of hens.
À la ferme, il y a beaucoup de poules.

Boule’s uncle works on a farm.
L’oncle de Boule travaille dans une ferme.

Regarde page 47.

farmer [ˈfɑːməʳ] nom **fermier, fermière**

farther [ˈfɑːðəʳ] adverbe **plus loin**

“Farther” est le comparatif de “far”.

farthest [ˈfɑːðɪst] adverbe **le plus loin**

“Farthest” est le superlatif de “far”.

fast [fɑːst]

adverbe

1. vite

Bill runs very fast. Bill court très vite.

2. to be fast asleep être profondément endormi

adjectif **rapide**

Dad’s car is really fast!
La voiture de papa est vraiment rapide !

fat [fæt] adjectif **gros**

She’s very fat.
Elle est très grosse.

If Bill eats too much, he’ll get fat.
Si Bill mange trop, il va grossir.

father [ˈfɑːðəʳ] nom **père**

fault [fɔːlt] nom **faute**

feather [ˈfeðəʳ] nom **plume**

February [ˈfebrʊərɪ] nom **février**

It sometimes snows in February.
Il neige parfois en février.

Attention : les noms de mois prennent toujours une majuscule.

feed [fiːd] verbe **nourrir, donner à manger à**

They’re feeding the elephants in the zoo.
Ils donnent à manger aux éléphants au zoo.

Le prétérit et le participe passé de “feed” sont “fed” [fed].

feel [fiːl] verbe

1. **se sentir**

Boule doesn't feel well.
Boule ne se sent pas bien.

2. **avoir**

I feel very hot. J'ai très chaud.

On utilise aussi "feel" dans les expressions: *To feel cold/hungry/thirsty.* Avoir froid/faim/soif.

3. **être**

Bill's bone feels hard.
L'os de Bill est dur.

4. **sentir**

I feel a pain in my leg. Je sens une douleur dans la jambe.

5. **toucher**

– Feel her shell, it's hard.
– Touche sa carapace, elle est dure.

Le prétérit et le participe passé de "feel" sont "felt" [felt].

feet → foot

fell → fall

felt → feel

fetch [fetʃ] verbe aller chercher

Fetch the ball, Bill!
Va chercher la balle, Bill !

a few [ə fjuː] adjectif quelques

We have a few problems.
Nous avons quelques problèmes.

"A few" a le même sens que "some".

field [fiːld] nom champ

There are sheep in the fields!
Il y a des moutons dans les champs !

A football field. Un terrain de football.

fight [faɪt]

verbe

1. **se battre**

Two boys were fighting.
Deux garçons se battaient.

2. **se disputer**

Mum and dad never fight.
Maman et papa ne se disputent jamais.

Le prétérit et le participe passé de "fight" sont "fought" [fɔːt].

nom

1. **bagarre**
2. **dispute**

fill [fɪl] verbe remplir

Mum filled the bottle with water.
Maman a rempli la bouteille d'eau.

Farm animals

a duck

Tu as peut-être déjà vu, page 11, les animaux que Boule et Bill ont rencontrés dans la nature. Voici maintenant ceux qu'ils voient à la ferme.

a cock

a hen

Regarde aussi **d'autres animaux** page 11, **les animaux familiers** page 113, et **les animaux sauvages** page 169.

find [faɪnd] verbe

1. trouver

2. to find out se renseigner, découvrir

Go and find out what happened.
Va te renseigner sur ce qui s'est passé.

Le prétérit et le participe passé de "find" sont "found" [faʊnd].

– *I hope dad doesn't find out.*
– J'espère que papa ne va pas découvrir ça.

fine [faɪn]

adjectif

1. bien

I'm fine today. Je vais bien aujourd'hui.

2. beau

The weather's fine. Il fait beau.

3. excellent

He's a fine student. C'est un excellent élève.

adverbe

1. bien

Everything was going fine. Tout allait bien.

2. d'accord

– Will you help me, Boule? – Fine!
– Tu veux bien m'aider, Boule ? – D'accord !

nom

1. amende

A six-pound fine. Une amende de six livres.

2. contravention

– *You'll get a fine.*
– Vous allez avoir une contravention.

finger [ˈfɪŋgəʳ] nom **doigt**

finish [ˈfɪnɪʃ] verbe **finir**

Has Bill finished eating his bone?
Est-ce que Bill a fini de manger son os ?

The lesson finishes at two o'clock.
La leçon finit à deux heures.

fire [ˈfaɪəʳ] nom

1. feu

He's going to light a fire. Il va faire du feu.

The house is on fire. La maison est en feu.

2. incendie

They put out the fire.
Ils ont éteint l'incendie.

fireman [ˈfaɪərmæn] nom **pompier**

Le pluriel de "fireman" est "firemen" [ˈfaɪərmen].

first [fɜːst]

adjectif **premier**

It happened on the first of July.
Ça s'est passé le premier juillet.

adverbe

1. d'abord

Caroline eats first, then sleeps.
Caroline mange d'abord, et ensuite elle dort.

2. en premier

Who will arrive first?
Qui va arriver en premier ?

3. at first au début

At first I thought I had lost my keys.
Au début, j'ai cru que j'avais perdu mes clés.

fish [fɪʃ] nom **poisson**

There are lots of fish in this river. Il y a beaucoup de poissons dans cette rivière.

Le pluriel de "fish" est normalement "fish" mais "fishes" [ˈfɪʃɪz] est possible.

Bill was eating some fish.
Bill mangeait du poisson.

fit [fɪt] verbe

1. **aller à**

These shoes fit me better than the other ones. Ces chaussures me vont mieux que les autres.

2. **rentrer**

These clothes won't fit into the case. Ces vêtements ne rentrent pas dans la valise.

Le prétérit et le participe passé de "fit" sont "fitted" [ˈfɪtəd] en anglais britannique et "fit" en américain.

fix [fɪks] verbe

1. **réparer**

Will he fix the TV? Va-t-il réparer la télé ?

2. **accrocher**

Dad is fixing a picture on the wall. Papa accroche un tableau au mur.

flag [flæg] nom **drapeau**

flat [flæt]

- adjectif **plat**

A flat piece of wood.
Un morceau de bois plat.

- nom **appartement**

En américain, "appartement" se dit "apartment" [əˈpɑːtmənt].

flew → fly

floor [flɔːr] nom

1. **sol, plancher**
2. **étage**

Three families live on the first floor.
Trois familles habitent au premier étage.

Aux États-Unis, le "first floor" est le rez-de-chaussée, et le premier étage est le "second floor".

3. on the floor **par terre**

All the children were sitting on the floor.
Tous les enfants étaient assis par terre.

flower [ˈflaʊəʳ] nom **fleur**

flown → fly

fly [flaɪ]

- nom **mouche**

Le pluriel de "fly" est "flies" [flaɪz].

- verbe

1. **voler**

The birds were flying.
Les oiseaux volaient.

2. **aller en avion, prendre l'avion**

They're flying to London.
Ils vont à Londres en avion.

Le prétérit de "fly" est "flew" [fluː] ; le participe passé est "flown" [fləʊn].

fog [fɒg] nom **brouillard**

fold [fəʊld] verbe **plier**

follow [ˈfɒləʊ] verbe **suivre**

*Bill **follows** Boule everywhere.*
Bill suit Boule partout.

food [fuːd] nom **nourriture**

Ce mot se traduit souvent par le verbe "manger" : ***Bill has had no food.***
Bill n'a rien mangé.

Regarde pages 52-53.

foot [fʊt] nom **pied**

Le pluriel de "foot" est "feet" [fiːt].

football [ˈfʊtbɔːl] nom

1. **football, foot**

*They play **football** every Saturday.*
Ils jouent au foot tous les samedis.

2. **ballon de football**

He kicked the football.
Il a donné un coup de pied dans le ballon.

En américain, "football" se dit "soccer". "Football" ou "American football" signifient "football américain".

for [fɔːʳ] préposition **pour**

This bone is for Bill. Cet os est pour Bill.
What's this for? Ça sert à quoi ?

DEPUIS, PENDANT, POUR

For est utilisé pour exprimer des durées, mais la traduction dépend de l'action dont on parle.

1. S'il s'agit d'une action qui continue : **depuis**

He has been waiting for two hours.
Il attend depuis deux heures.

2. S'il s'agit d'une action passée : **pendant**

My friend lived in England for a month.
Mon ami a vécu en Angleterre pendant un mois.

3. S'il s'agit d'une action future : **pour**

He is going to Paris for three weeks.
Il va à Paris pour trois semaines.

On s'en sert aussi pour indiquer une distance :

I walked for eight kilometres.
J'ai parcouru huit kilomètres à pied.

forehead [ˈfɔːhed] nom **front**

forest [ˈfɒrɪst] nom **forêt**

forget [fəˈget] verbe **oublier**

Dad forgot to take his umbrella.
Papa a oublié de prendre son parapluie.

Le prétérit de "forget" est "forgot" [fəˈgɒt] ; le participe passé est "forgotten" [fəˈgɒtn].

fork [fɔːk] nom **fourchette**

fortunately [ˈfɔːtʃənətlɪ] adverbe
heureusement
Fortunately, it's not raining!
Heureusement qu'il ne pleut pas !

fought → **fight**

found → **find**

fox [fɒks] nom **renard**
Le pluriel de "fox" est "foxes" [ˈfɒksɪz].

free [friː] adjectif
1. **libre**
2. **gratuit**
I've got a free ticket. J'ai un billet gratuit.

Friday [ˈfraɪdɪ] nom **vendredi**
Come and see me on Friday.
Viens me voir vendredi.
Attention : les noms de jours prennent toujours une majuscule.

fridge [frɪdʒ] nom **réfrigérateur**

friend [frend] nom **ami, amie**

frighten [ˈfraɪtn] verbe **faire peur à**

He's trying to frighten him.
Il essaie de lui faire peur.

frog [frɒg] nom **grenouille**

from [frəm, frɒm] préposition
1. **de**
Dad has just come from the station.
Papa arrive de la gare.
2. **à partir de**
From now on. À partir de maintenant.

front [frʌnt] nom
1. **avant**
Bill was sitting in the front of the car.
Bill était assis à l'avant de la voiture.
2. in front of **devant**
Bill was walking in front of Boule.
Bill marchait devant Boule.

fruit [fruːt] nom **fruit**
An orange is a fruit. L'orange est un fruit.
Caroline loves fruit.
Caroline adore les fruits.
Fruit is good for your health.
Les fruits sont bons pour la santé.
Attention : "fruit" ne prend pas de "s" au pluriel et est suivi d'un verbe au singulier.

full [fʊl] adjectif
1. **plein**
The bottle is full of water.
La bouteille est pleine d'eau.
2. **complet**

The hotel is full.
L'hôtel est complet.

Food

Pouf se nourrirait volontiers
de sandwichs et de glaces…

… ou même de fruits, de gâteaux (s'ils sont bons),
et de crêpes (quand elles sont réussies) !

Mais tout le monde sait qu'il faut aussi manger des légumes, de la viande, des œufs et du poisson.

Regarde le nom des différents repas de la journée page 87.

Attention !
Le mot *beef* désigne la viande de bœuf. Pour parler de l'animal, on dit *ox*. De la même façon, pour parler de la viande de porc, on dit *pork* ; c'est le mot *pig* qui désigne l'animal.

fun [fʌn] nom

1. **to have fun** **s'amuser**

2. **to be fun** **être amusant**

It's a lot of fun to jump in the snow .
C'est très amusant de sauter dans la neige.

funny [ˈfʌnɪ] adjectif

1. **drôle**

2. **bizarre**

fur [fɜːʳ] nom **fourrure**

This cat's fur is very smooth.
La fourrure de ce chat est très douce.

further [ˈfɜːðəʳ] adverbe **plus loin**

"Further" est le comparatif de "far".

furthest [ˈfɜːðɪst] adverbe **le plus loin**

"Furthest" est le superlatif de "far".

Caroline is wearing a funny hat. They all find it very funny.
Caroline porte un chapeau bizarre. Tous trouvent cela très drôle.

game [geɪm] nom
1. **jeu**
My favourite game. Mon jeu préféré.
2. **match**
A football game. Un match de foot.
3. **partie**
En anglais britannique, on utilise "games" au pluriel pour parler du sport qu'on fait à l'école : ***He has games on Monday.*** Il a sport le lundi.

– Let's have a game of cards.
– Faisons une partie de cartes.

garage [ˈgærɑːʒ] nom **garage**

garden [ˈgɑːdn] nom **jardin**

gave → give

geese → goose

geography [dʒɪˈɒgrəfɪ] nom
géographie

get [get] verbe
1. **recevoir, avoir**
Did you get my letter? As-tu reçu ma lettre ?
Bill has got lots of bones to eat.
Bill a beaucoup d'os à manger.
2. **trouver, acheter**
Where did you get that bone, Bill?
Où as-tu trouvé cet os, Bill ?
Dad got the tickets yesterday.
Papa a acheté les billets hier.
3. **attraper, prendre**
I got a virus. J'ai attrapé un virus.
Anna got the train in Bristol.
Anna a pris le train à Bristol.
4. **aller chercher**
Get my glasses. Va chercher mes lunettes.
5. **aller**
How do you get to the station?
Comment fait-on pour aller à la gare ?
6. **Pour indiquer une obligation : devoir**
I've got to leave now.
Je dois partir maintenant.
Le prétérit et le participe passé de "get" sont "got" [gɒt]. En américain, le participe passé est "gotten" [ˈgɒtn].

ENCORE D'AUTRES SENS...
Get change de sens en fonction de la préposition qui le suit :

to get back → **revenir**
to get down → **descendre**
to get in → **entrer, rentrer**
to get off → **descendre (d'un véhicule)**
to get on → **monter**
to get out → **sortir**
to get up → **se lever**

giant [ˈdʒaɪənt] nom **géant**

giraffe [dʒɪˈrɑːf] nom **girafe**
Attention : le mot anglais "giraffe" prend deux "f".

girl [gɜːl] nom **fille**

give [gɪv] verbe
1. **donner**
Give me your bone. Donne-moi ton os.
2. **to give back rendre**
Le prétérit de "give" est "gave" [geɪv] ; le participe passé est "given" [ˈgɪvn].

– Give me back my exercise book!
– Rends-moi mon cahier !

glad [glæd] adjectif **heureux**
I'm glad you can come.
Je suis heureux que tu puisses venir.

glass [glɑːs] nom **verre**
A glass of water. Un verre d'eau.
Le pluriel de "glass" est "glasses" [ˈglɑːsɪz].

glasses [ˈglɑːsɪz] nom au pluriel **lunettes**

What nice glasses!
Quelles belles lunettes !

glove [glʌv] nom **gant**

go [gəʊ] verbe
1. **aller**
They're going to school. Ils vont à l'école.
Let's go! Allons-y !
Boule went for a ride on his bike.
Boule a fait un tour à vélo.
2. **partir**
I must go now. Je dois partir maintenant.
3. **démarrer**

Dad's car won't go.
La voiture de papa ne démarre pas.

4. **devenir**
Are you going mad, Boule?
Tu deviens fou ou quoi, Boule ?
5. Pour parler d'une action qui va se passer tout de suite : **aller + infinitif**
Bill and Boule are going to play in the garden. Bill et Boule vont jouer au jardin.
La troisième personne du singulier de "go" est "goes" [gəʊz]. Le prétérit est "went" [went], le participe passé est "gone" [gɒn].

ENCORE D'AUTRES SENS…

Go change de sens en fonction de la préposition qui le suit :

- *to go away* → **partir**
- *to go back* → **retourner, rentrer**
- *to go down* → **descendre**
- *to go in* → **entrer, rentrer**
- *to go on* → **continuer, se passer**
- *to go out* → **sortir**
- *to go up* → **monter**

go [gəʊ] nom

1. tour

Whose go is it? C'est à qui le tour ?

Le pluriel de "go" est "goes".
En américain, on dit "turn".

2. to have a go at something essayer de faire quelque chose

– Do you want to have a go?
– Tu veux essayer ?

goal [gəʊl] nom but

– Try to score a goal!
– Essaie de marquer un but !

goat [gəʊt] nom chèvre

going → go

gold [gəʊld] nom or

A gold watch. Une montre en or.

gone → go

good [gʊd] adjectif

1. bon

A good book. Un bon livre.

Boule is good at English. Boule est bon en anglais.

Apples are good for you. Les pommes sont bonnes pour la santé.

2. beau

The weather was very good.
Le temps était très beau.

3. sage

He's a good boy. C'est un garçon sage.

4. Dans les souhaits :

Good afternoon! Bonjour !

Good evening! Bonsoir !

Good morning! Bonjour !

Good night! Bonne nuit !

"Good night" s'écrit également "goodnight".

goodbye [ˌgʊdˈbaɪ] exclamation

au revoir

goose [guːs] nom oie

Le pluriel de "goose" est "geese" [giːs].

got → get

grandfather [ˈgrændˌfɑːðəʳ] nom

grand-père

grandmother ['grændˌmʌðəʳ] nom
grand-mère

grapefruit ['greɪpfruːt] nom
pamplemousse

grapes [greɪps] nom au pluriel
raisin
I bought some grapes. J'ai acheté du raisin.
Attention à ne pas oublier le "s" : "grape" au singulier signifie "grain de raisin".

grass [grɑːs] nom **herbe**

great [greɪt] adjectif **grand**

green [griːn] adjectif **vert**

greens [griːnz] nom au pluriel
légumes verts

grew → grow

grey [greɪ] adjectif **gris**
En américain, on écrit "gray".

grocer ['grəʊsəʳ] nom
épicier

Bill's going to the grocer's.
Bill va chez l'épicier.

ground [graʊnd] nom
1. **sol, terre**
2. **terrain**
A sports ground. Un terrain de sport.
3. on the ground **par terre**

ground floor [graʊnd 'flɔːʳ] nom
rez-de-chaussée
En américain, on dit "first floor".

grow [grəʊ] verbe
1. **pousser**
There are lots of flowers growing in our garden. Il y a beaucoup de fleurs qui poussent dans notre jardin.
2. **grandir**
Boule has grown more than an inch! Boule a grandi de plus de trois centimètres !
3. **cultiver**
My uncle grows vegetables. Mon oncle cultive des légumes.
Le prétérit de "grow" est "grew" [gruː] ; le participe passé est "grown" [grəʊn].

guess [ges] verbe **deviner**

guitar [gɪ'tɑːʳ] nom **guitare**

Bill wants to play the guitar too.
Bill veut aussi jouer de la guitare.

gun [gʌn] nom
1. **revolver**
2. **fusil**

gym [dʒɪm] nom **gymnastique, gym**

H

had, hadn't → have

hair [heə^{r}] nom

1. cheveux

Dans ce sens, "hair" est toujours au singulier.

*Dad has dark **hair**. Mum's **hair** is fair.*
Papa a les cheveux noirs.
Les cheveux de maman sont blonds.

2. poil

Boule's uncle has hairs on his chest.
L'oncle de Boule a des poils sur la poitrine.

Dans ce sens, on peut aussi utiliser "hair" au singulier : *Boule's uncle has hair on his chest.*

hairdresser ['heəˌdresə^{r}] nom

coiffeur, coiffeuse

*Bill doesn't like the **hairdresser**.*
Bill n'aime pas le coiffeur.

half [hɑːf] nom

1. moitié

*Bill ate **half** the roast beef.*
Bill a mangé la moitié du rôti.

I cut the bread in half.
J'ai coupé le pain en deux.

2. demi, demie

Five and a half. Cinq et demi.

An hour and a half. Une heure et demie.

Half an hour. Une demi-heure.

Le pluriel de "half" est "halves" [hɑːvz].

ham [hæm] nom **jambon**

hamster ['hæmstə^{r}] nom **hamster**

hand [hænd] nom

1. main

What have you got in your hand?
Qu'est-ce que tu as dans la main ?

2. aiguille

The hands of a clock.
Les aiguilles d'une pendule.

handkerchief ['hæŋkətʃɪf] nom

mouchoir

H

hang [hæŋ] verbe accrocher, suspendre

Le prétérit et le participe passé de "hang" sont "hung" [hʌŋ].

– *Hang your coat!*
– Accroche ton manteau !

happen ['hæpən] verbe

1. se passer

What's happening? Qu'est-ce qui se passe ?

2. arriver

What happened to you? Que t'est-il arrivé ?

happy ['hæpɪ] adjectif

1. heureux

Dad looks happy. Papa a l'air heureux.

2. Dans les souhaits :

Happy birthday! Joyeux anniversaire !

Happy New Year! Bonne année !

hard [hɑːd]

adjectif

1. dur

This apple is hard. Cette pomme est dure.

2. difficile

adverbe

To work hard. Travailler dur.

has, hasn't → have

hat [hæt] nom chapeau

have [hæv] verbe avoir

Bill has big ears. Bill a de grandes oreilles.

En anglais britannique, on utilise aussi "to have got" : *Bill has got big ears.*

UN VERBE PAS COMME LES AUTRES

Il se conjugue de façon irrégulière.

Présent	Passé
I have ou *I've*	*I had* ou *I'd*
you have ou *you've*	*you had* ou *you'd*
he/she/it has ou *he's/she's/it's*	*he/she/it had* ou *he'd/she'd/it'd*
we have ou *we've*	*we had* ou *we'd*
you have ou *you've*	*you had* ou *you'd*
they have ou *they've*	*they had* ou *they'd*

Le participe passé de have est had.

- On l'utilise comme auxiliaire pour former les temps composés. Il se traduit par :

1. **Être**, avec des verbes d'action et les verbes pronominaux :

Has he arrived? Est-il arrivé ?

Boule hasn't washed yet.
Boule ne s'est pas encore lavé.

2. **Avoir**, avec les autres verbes :

Have you seen Caroline today?
As-tu vu Caroline aujourd'hui ?

- Dans certaines expressions, il se traduit soit par **faire** soit par **prendre** :

I had a dream. J'ai fait un rêve.

Have a shower! Prends une douche !

- Selon le contexte, il a également des traductions différentes :

I've had a letter. J'ai reçu une lettre.

Let me have that bone!
Donne-moi cet os !

- Suivi de l'infinitif, il se traduit par **devoir** :

I have to go home now.
Je dois rentrer maintenant.

he [hiː] pronom

1. il

– Where's Bill? – He's here.
– Où est Bill ? – Il est ici.

He's a teacher. Il est professeur.

2. Dans certains cas, se traduit par : **ce, c'**

He's a good boy.
C'est un garçon sage.

head [hed] nom

1. **tête**
2. **headache** **mal de tête**

hear [hɪəʳ] verbe

1. **entendre**

We could hear Bill barking.
Nous entendions Bill aboyer.

2. **apprendre**

I've already heard the news.
J'ai déjà appris la nouvelle.

To hear from someone.
Recevoir des nouvelles de quelqu'un.

Le prétérit et le participe passé de "hear" sont "heard" [hɜːd].

heart [hɑːt] nom **cœur**

Boule is learning his lesson by heart.
Boule apprend sa leçon par cœur.

heat [hiːt] nom **chaleur**

heavy [ˈhevɪ] adjectif **lourd**

This box is too heavy to carry.
Cette boîte est trop lourde à porter.

There was heavy rain last night.
Il a beaucoup plu hier soir.

held → hold

hello [həˈləʊ] exclamation

1. **bonjour**

Regarde page 63.

2. Quand on répond au téléphone : **allô**

En anglais britannique, "hello" peut aussi s'écrire "hallo" ou "hullo".

help [help]

nom **aide**

Dad was asking for help.
Papa demandait de l'aide.

The old man was walking with the help of a stick.
Le vieillard marchait à l'aide d'une canne.

verbe **aider**

Can you help me do my homework?
Tu peux m'aider à faire mes devoirs ?

exclamation **au secours**

hen [hen] nom **poule**

her [hɜːʳ]

adjectif **son, sa, ses (à elle)**

Her father. Son père.

Her mother. Sa mère.

Her brothers. Ses frères.

Attention : l'adjectif possessif se rapporte au possesseur et reste invariable.

pronom

1. Pour marquer le complément d'objet direct : **la, l'**

I know her. Je la connais.

We saw her. Nous l'avons vue.

2. Pour marquer le complément d'objet indirect : **lui**

He gave her a flower.
Il lui a donné une fleur.

3. Après une préposition ou le verbe "to be" : **elle**

This present is for her.
Ce cadeau est pour elle.

It's her. C'est elle.

here [hɪəʳ] adverbe

1. **ici**

Come here, Bill! Viens ici, Bill !

2. here is, here are **voici**

Here is my bike. Voici mon vélo.

Here it is. Le voici.

– Here are my friends.
– Voici mes amis.

hers [hɜːz] pronom

1. **le sien, la sienne, les siens, les siennes**

My house is big but hers is even bigger.
Ma maison est grande, mais la sienne est encore plus grande.

Attention : le pronom possessif se rapporte au possesseur et reste invariable.

2. **à elle**

These toys are hers. Ces jouets sont à elle.

herself [hɜːˈself] pronom

1. **elle-même**

She did that herself.
Elle a fait ça elle-même.

2. **se, s'**

She was washing herself. Elle se lavait.

hide [haɪd] verbe

1. **cacher**

Boule hid Bill's bone.
Boule a caché l'os de Bill.

2. **se cacher**

Le prétérit de "hide" est "hid" [hɪd] ; le participe passé est "hidden" [ˈhɪdən].

Boule is hiding under the bench.
Boule se cache sous le banc.

high [haɪ] adjectif

1. **haut**

The wall is six metres high.
Le mur fait six mètres de haut.

2. **élevé**

These prices are high.
Ces prix sont élevés.

Hello!

Pour se dire bonjour en anglais, on dit *Hello!* ou *Hi!*. Mais, selon le moment de la journée, on emploie d'autres expressions.

– Bonjour!
– Bonjour!

Le soir, pour souhaiter une bonne soirée à quelqu'un, voici ce que l'on dit :

– Bonsoir!

Pour souhaiter une bonne nuit, on dit :

– Bonne nuit!

Voici ce que l'on dit le matin :

– Bonjour!

Voici ce que l'on dit l'après-midi :

– Bonjour!

Et l'on peut dire au revoir de ces trois façons différentes :

– Au revoir! Au revoir! Au revoir!

hill [hɪl] nom **colline, côte**

him [hɪm] pronom

1. Pour marquer le complément d'objet direct : **le, l'**

I know him. Je le connais.

We saw him. Nous l'avons vu.

2. Pour marquer le complément d'objet indirect : **lui**

I gave him a book. Je lui ai donné un livre.

3. Après une préposition ou le verbe "to be" : **lui**

It's him. C'est lui.

– This present is for him.
– Ce cadeau est pour lui.

himself [hɪmˈself] pronom

1. **lui-même**

He did that himself. Il a fait ça lui-même.

2. **se, s'**

He was washing himself. Il se lavait.

hippo, hippopotamus [ˈhɪpəʊ, hɪpəˈpɒtəməs] nom **hippopotame**

his [hɪz]

adjectif **son, sa, ses (à lui)**

His father. Son père.

His mother. Sa mère.

His brothers. Ses frères.

Attention : l'adjectif possessif se rapporte au possesseur et reste invariable.

pronom

1. **le sien, la sienne, les siens, les siennes**

My bike is fast but his is even faster. Mon vélo est rapide, mais le sien est encore plus rapide.

Attention : le pronom possessif se rapporte au possesseur et reste invariable.

2. **à lui**

These books are his. Ces livres sont à lui.

history [ˈhɪstərɪ] nom **histoire**

hit [hɪt] verbe

1. **frapper**

Don't hit me! Ne me frappe pas !

2. **cogner**

Bill hit his head on the table. Bill s'est cogné la tête contre la table.

3. **renverser**

A car hit our cat. Une voiture a renversé notre chat.

4. **heurter**

Le prétérit et le participe passé de "hit" sont "hit".

Dad's car hit the road sign.
La voiture de papa a heurté le panneau.

hobby [ˈhɒbɪ] nom **passe-temps**

Le pluriel de "hobby" est "hobbies" [ˈhɒbɪz].

hold [həʊld] verbe

1. **tenir**

Boule is holding flags in both hands.
Bill tient des drapeaux dans chaque main.

2. **contenir**

This bottle holds two litres.
Cette bouteille contient deux litres.

3. to hold one's breath **retenir son souffle**

4. to hold up one's hand **lever la main**

Le prétérit et le participe passé de "hold" sont "held" [held].

hole [həʊl] nom **trou**

holiday [ˈhɒlɪdeɪ] nom

1. **vacances**

The school holidays. Les vacances scolaires.

En américain, on dit "vacation".

They are going on holiday.
Ils partent en vacances.

2. **jour férié**

Tomorrow is a holiday. Demain est férié.

home [həʊm]

nom **maison**

Boule is going to stay at home.
Boule va rester à la maison.

adverbe **chez soi, à la maison**

I'm going home.
Je rentre chez moi./Je rentre à la maison.

Regarde pages 66-67.

homework [ˈhəʊmwɜːk] nom **devoirs**

Attention : "homework" est toujours au singulier.

His English homework is difficult.
Ses devoirs d'anglais sont difficiles.

honey [ˈhʌnɪ] nom **miel**

hope [həʊp]

verbe **espérer**

I hope to go home on Monday.
J'espère rentrer lundi.

I hope so. J'espère bien.

nom **espoir**

horse [hɔːs] nom **cheval**

hospital [ˈhɒspɪtl] nom **hôpital**

My uncle is in hospital.
Mon oncle est à l'hôpital.

En américain, on dit "in the hospital" :
My uncle is in the hospital.

Home sweet home

Voici la maison de Boule. Regarde bien les éléments qui la composent.

De la cave au grenier, Boule et Bill t'entraînent maintenant dans les différentes pièces de leur maison où il se passe toujours quelque chose !

the cellar

the living room

the kitchen

the dining room

the bathroom

the bedroom

the attic

hot [hɒt] adjectif chaud

On utilise "hot" lorsque la chaleur est forte ou trop forte, et "warm" pour désigner une chaleur moins forte ou agréable.

Attention : il faut utiliser le verbe "to be" dans les expressions où l'on parle du temps ou de la température.

*It's very **hot**. They're **hot**.*
Il fait très chaud. Ils ont chaud.

hour [ˈaʊəʳ] nom heure

An hour and a half. Une heure et demie.

house [haʊs] nom maison

how [haʊ] adverbe

1. comment

How did you know that, Boule?
Comment savais-tu ça, Boule ?

2. How many? Combien ?

How many bones do you have, Bill?
Tu as combien d'os, Bill ?

3. How much? Combien ?

How much does it cost?
Combien ça coûte ?

On emploie "how much" quand on parle d'une quantité de choses que l'on ne peut pas compter et "how many" quand on parle d'une quantité de choses que l'on peut compter.

4. How long? Combien de temps ?

How long will you be staying in Paris?
Combien de temps vas-tu rester à Paris ?

5. Dans de nombreuses expressions : quel

How old are you? Quel âge as-tu ?

hung → hang

hungry [ˈhʌŋgrɪ] adjectif

To be hungry. Avoir faim.

hurry [ˈhʌri]

verbe se dépêcher

La troisième personne du singulier de "hurry" est "hurries" [ˈhʌrɪz]. Le prétérit et le participe passé sont "hurried" [ˈhʌrɪd].

– *Hurry up!*
– Dépêche-toi !

nom

To be in a hurry. Être pressé.

hurt [hɜːt] verbe

1. faire mal à

You're hurting me! Tu me fais mal !

My leg hurts. Ma jambe me fait mal.

2. blesser

Jamie was hurt in an accident.
Jamie a été blessé dans un accident.

Le prétérit et le participe passé de "hurt" sont "hurt".

husband [ˈhʌsbənd] nom mari

I i

I [aɪ] pronom

1. **je, j'**

I have a bike. J'ai un vélo.

– *I'm a teacher.*
– Je suis professeur.

2. **moi**

Bill and I are coming. Bill et moi arrivons.

ice [aɪs] nom

1. **glace**

There's ice on all the windows.
Il y a de la glace sur toutes les fenêtres.

2. **verglas**

Bill slipped on the ice.
Bill a glissé sur le verglas.

ice cream [aɪs kriːm] nom **glace**

Coffee ice cream. De la glace au café.

if [ɪf] conjonction **si**

I'll come if you want. Je viens si tu veux.

ill [ɪl] adjectif **malade**

Pouf was feeling ill. Pouf se sentait malade.

immediately [ɪˈmiːdjətlɪ] adverbe

tout de suite, immédiatement

in [ɪn]

préposition

1. En parlant de l'intérieur de quelque chose : **dans**

There's nothing in the box.
Il n'y a rien dans la boîte.

2. En parlant d'une ville, d'un pays ou de l'endroit où l'on est : **à, au**

My friend lives in London.
Mon ami habite à Londres.

Boule is in school. Boule est à l'école.

3. En parlant d'un pays ou d'une époque : **en**

In June, it rains a lot in England.
En juin, il pleut beaucoup en Angleterre.

4. En parlant du temps qu'il faut pour faire quelque chose : **en, dans**

He did it in one hour. Il l'a fait en une heure.

I'll be back in five minutes.
Je reviens dans cinq minutes.

5. En parlant de la manière : **en, de**

She was speaking in English.
Elle parlait en anglais.

I cut it in two. Je l'ai coupé en deux.

adverbe

1. **à l'intérieur**

He opened the door and looked in. Il a ouvert la porte et a regardé à l'intérieur.

2. **là, à la maison**

– *Sorry, Boule isn't in!*
– Désolé, Boule n'est pas là !

including [ɪnˈkluːdɪŋ] préposition
y compris
Everyone's coming, including Boule.
Tout le monde vient, y compris Boule.

indoors [ɪnˈdɔːz] adverbe à l'intérieur
If it rains, we'll stay indoors.
S'il pleut, nous resterons à l'intérieur.

in front of [ɪn frʌnt əv] préposition
devant
Boule was walking in front of dad.
Boule marchait devant papa.

ink [ɪŋk] nom encre

inside [ɪnˈsaɪd]
adverbe à l'intérieur
I opened it and looked inside.
Je l'ai ouvert et j'ai regardé à l'intérieur.
préposition à l'intérieur de

What's inside the box?
Qu'y a-t-il à l'intérieur de la boîte ?

instead of [ɪnˈsted əv] préposition
au lieu de
Caroline chose a tomato instead of a banana. Caroline a choisi une tomate au lieu d'une banane.

interesting [ˈɪntrəstɪŋ] adjectif
intéressant

into [ˈɪntʊ] préposition
1. En parlant d'un endroit : dans
I put the money into my pocket.
J'ai mis l'argent dans ma poche.
2. En parlant d'une transformation : en

Can you translate this into French?
Peux-tu traduire ça en français ?

introduce [ˌɪntrəˈdjuːs] verbe
présenter
David introduced me to his brother.
David m'a présenté à son frère.

iron [ˈaɪən] nom
1. fer
An iron bridge. Un pont en fer.
An iron bar. Une barre de fer.
2. fer à repasser

– My iron doesn't work.
– Mon fer à repasser ne marche pas.

is, 's → be

island [ˈaɪlənd] nom île

isn't → be

it [ɪt] pronom

1. Pour désigner une chose ou un animal comme sujet : **il, elle**

– Where's your bone, Bill? – Here it is.
– Où est ton os, Bill ? – Il est ici.

– I don't want this meat. It's not good.
– Je ne veux pas de cette viande. Elle n'est pas bonne.

Attention : quand on parle d'un animal familier, on le personnifie, on emploie donc "he" ou "she". Ainsi, pour parler de la tortue de Boule, on emploie "she", et pour parler de Bill, son chien, on emploie "he".

2. Pour désigner une chose ou un animal comme complément d'objet direct : **le, la, l'**

Where's my key? I've lost it.
Où est ma clé ? Je l'ai perdue.

I can't do it. Je ne peux pas le faire.

3. Pour désigner une chose ou un animal comme complément d'objet indirect : **lui**

The cat's hungry. Give it some milk.
Le chat a faim. Donne-lui du lait.

4. Pour marquer le sujet d'un verbe impersonnel : **ce, c', il**

It's good. C'est bon.

It's raining. Il pleut.

its [ɪts] adjectif son, sa, ses

Attention : l'adjectif possessif se rapporte au possesseur et reste invariable.

Attention aussi à ne pas confondre "its" avec "it's", qui est la forme contractée de "it is".

Here is a dog and its master.
Voici un chien et son maître.

itself [ɪtˈself] pronom

1. **se, s'**

2. **lui-même, elle-même**

The cat did that itself.
Le chat a fait ça lui-même.

Attention : le pronom possessif se rapporte au possesseur et reste invariable.

The dog has hurt itself.
Le chien s'est fait mal.

JK jk

jacket [ˈdʒækɪt] nom **veste, blouson**

jam [dʒæm] nom

1. **confiture**

En américain, "confiture" se dit aussi "jelly" [ˈdʒelɪ].

2. traffic jam **embouteillage**

What a big traffic jam!
Quel gros embouteillage !

January [ˈdʒænjʊərɪ] nom **janvier**

It's always cold in January.
Il fait toujours froid en janvier.

Attention : les noms de mois prennent toujours une majuscule.

jeans [dʒiːnz] nom au pluriel **jean**

My jeans are dirty. Mon jean est sale.

Attention : on utilise toujours "jeans" au pluriel.

jewel [ˈdʒuːəl] nom **bijou**

She has beautiful jewels.
Elle a des bijoux magnifiques.

job [dʒɒb] nom

1. **emploi**

Boule's uncle is looking for a job. L'oncle de Boule cherche un emploi.

2. **travail**

– You've done a good job, Boule!
– Tu as fait du bon travail, Boule !

joke [dʒəʊk] nom **plaisanterie, blague**

journey [ˈdʒɜːnɪ] nom **voyage**

Boule and his friends are going on a journey. Boule et ses amis vont faire un voyage.

July [dʒuːˈlaɪ] nom **juillet**

Come and see us in July. Venez nous voir en juillet.

Attention : les noms de mois prennent toujours une majuscule.

jump [dʒʌmp] verbe **sauter**

Bill jumped off the roof. Bill a sauté du toit.

jumper [ˈdʒʌmpəʳ] nom **pull**

En américain, on dit "sweater" ou "pullover".

June [dʒuːn] nom **juin**

Dad's birthday is in June. L'anniversaire de papa est en juin.

Attention : les noms de mois prennent toujours une majuscule.

just [dʒʌst] adverbe

1. **juste**

It started raining just after dinner. Il a commencé à pleuvoir juste après le dîner.

2. to have just + participe passé **venir de**

Caroline has just eaten an apple.
Caroline vient de manger une pomme.

3. **seulement**

It's just a cat! C'est seulement un chat !

kangaroo [ˌkæŋgəˈruː] nom **kangourou**

keep [kiːp] verbe

1. **garder**

– If you like this book, you can keep it.
– Si tu aimes ce livre, tu peux le garder.

2. **continuer**

Boule kept talking during the lesson. Boule a continué à parler pendant toute la leçon.

3. **rester, se tenir**

Keep calm! Restez calmes !

They keep warm near the fireplace. Ils se tiennent chaud près de la cheminée.

4. to keep someone in/out **empêcher quelqu'un de sortir/d'entrer**

Le prétérit et le participe passé de "keep" sont "kept" [kept].

kennel [ˈkenəl] nom **niche**

En américain, on dit "doghouse" [ˈdɒghaʊs].

Bill is asleep in his kennel. Bill dort dans sa niche.

kept → **keep**

kettle [ˈketl] nom **bouilloire**

key [kiː] nom

1. **clé**

You can't open the door without the key.
Tu ne peux pas ouvrir la porte sans la clé.

2. **touche**

Press the Enter key.
Appuyez sur la touche Entrée.

kick [kɪk]

nom **coup de pied**

verbe

1. **donner un coup de pied à**

Jojo kicked Patrick!
Jojo a donné un coup de pied à Patrick !

2. **donner un coup de pied dans**

Dad kicked the ball. Papa a donné un coup de pied dans le ballon.

kid [kɪd] nom **gamin, enfant**

kill [kɪl] verbe **tuer**

kilometre [ˈkɪləˌmiːtəʳ] nom **kilomètre**

En américain, ce mot s'écrit "kilometer".

kind [kaɪnd]

adjectif **gentil**

Boule is always kind to Bill.
Boule est toujours gentil avec Bill.

nom **sorte**

It's a kind of fish.
C'est une sorte de poisson.

All kinds of… Toutes sortes de…

king [kɪŋ] nom **roi**

kingdom [ˈkɪŋdəm] nom **royaume**

kiss [kɪs]

nom **baiser**

Boule's giving mum a kiss. Boule donne un baiser à maman.

verbe **embrasser**

Kiss dad before going to bed.
Embrasse papa avant de te coucher.

kitchen [ˈkɪtʃɪn] nom **cuisine**

knee [niː] nom **genou**

knew → **know**

knife [naɪf] nom couteau

Playing with a knife is dangerous.
Jouer avec un couteau est dangereux.
Le pluriel de "knife" est "knives".

knock [nɒk] verbe

1. frapper

Boule's friend was knocking at the door.
L'ami de Boule frappait à la porte.

2. cogner

I knocked my head on the table.
Je me suis cogné la tête contre la table.

3. to knock over faire tomber, renverser

knot [nɒt] nom nœud

know [nəʊ] verbe

1. savoir

Yes, I know. Oui, je sais.

2. to know how to do savoir faire

Do you know how to play the piano?
Tu sais jouer du piano ?

3. connaître

Patrick knows Lionel well.
Patrick connaît bien Lionel.
Le prétérit de "know" est "knew" [nju:] ; le participe passé est "known" [nəun].

Bill knocked over the plant.
Bill a fait tomber la plante.

L

lady [ˈleɪdɪ] nom **dame**

Le pluriel de “lady” est “ladies” [ˈleɪdɪz].

The ladies are having tea.
Les dames prennent le thé.

lake [leɪk] nom **lac**

lamb [læm] nom **agneau**

land [lænd] nom **terre**

language [ˈlæŋgwɪdʒ] nom **langue**

English is not a difficult language!
L’anglais n’est pas une langue difficile !

Attention : pour parler de la partie de la bouche, on dit “tongue”.

large [lɑːdʒ] adjectif

1. grand

A large room. Une grande pièce.

2. gros

A large amount of money.
Une grosse somme d’argent.

last [lɑːst]

adjectif

1. dernier

It happened last year.
Ça s’est passé l’année dernière.

2. last night hier soir

adverbe

1. en dernier

Bill came last. Bill est arrivé en dernier.

2. pour la dernière fois

When did you see Caroline last?
Quand as-tu vu Caroline pour la dernière fois ?

3. at last enfin

verbe **durer**

How long does it last?
Ça dure combien de temps ?

late [leɪt] adverbe et adjectif

1. en retard

– Hurry up, we’re late!
– Dépêche-toi, nous sommes en retard !

2. tard

Bill doesn’t like getting up late.
Bill n’aime pas se lever tard.

It’s getting late. Il se fait tard.

later ['leɪtəʳ] adverbe plus tard

I'll see you later! À plus tard !

laugh [lɑːf] verbe rire

They are laughing.
Ils rient.

lay → lie

lazy ['leɪzɪ] adjectif paresseux

leader ['liːdəʳ] nom chef, dirigeant

leaf [liːf] nom feuille

Le pluriel de "leaf" est "leaves" [liːvz].

lean [liːn] verbe

1. appuyer, s'appuyer

Boule was leaning against the wall.
Boule était appuyé contre le mur.

2. se pencher

Le prétérit et le participe passé de "lean" peuvent être soit réguliers : "leaned", soit irréguliers : "leant" [lent].

– Don't lean out of the window, Bill.
– Ne te penche pas par la fenêtre, Bill.

learn [lɜːn] verbe apprendre

Le prétérit et le participe passé de "learn" peuvent être soit réguliers : "learned", soit irréguliers : "learnt" [lɜːnt].

Bill is learning to swim.
Bill apprend à nager.

leather ['leðəʳ] nom cuir

leave [liːv] verbe

1. laisser

Alex left his exercise book at home.
Alex a laissé son cahier à la maison.

Leave me alone! Laissez-moi tranquille !

2. quitter

Dad leaves home about seven.
Papa quitte la maison vers sept heures.

3. partir

We're leaving in an hour.
Nous partons dans une heure.

Le prétérit et le participe passé de "leave" sont "left" [left].

leek [liːk] nom poireau

left → leave

left [left]

adjectif

1. gauche

What do you have in your left hand?
Qu'as-tu dans la main gauche ?

2. to be left rester

There are no bones left!
Il ne reste plus d'os !

adverbe **à gauche**

He turned left.
Il a tourné à gauche.

nom **gauche**

It's on your left. C'est sur ta gauche.

leg [leg] nom

1. jambe

2. leg of lamb gigot d'agneau

lemon [ˈlemən] nom citron

lend [lend] verbe prêter

Lend me your pen. Prête-moi ton stylo.

Le prétérit et le participe passé de "lend" sont "lent" [lent].

less [les]

adjectif **moins de**

Boule has less money than dad.
Boule a moins d'argent que papa.

adverbe **moins**

This book is less interesting.
Ce livre est moins intéressant.

lesson [ˈlesn] nom cours, leçon

let [let]

verbe

1. laisser

Let me do what I like.
Laisse-moi faire ce que je veux.

2. to let go of lâcher

3. to let in/out laisser entrer/sortir

verbe auxiliaire

"Let's" sert à suggérer quelque chose à la première personne du pluriel.

Let's sit down. Asseyons-nous.

Le prétérit et le participe passé de "let" sont "let" [let].

– *Let's go!*
– Allons-y !

letter [ˈletə^{r}] nom lettre

Comme en français, "letter" a deux sens : la lettre de l'alphabet et la lettre que l'on écrit.

lettuce [ˈletɪs] nom laitue, salade

library [ˈlaɪbrərɪ] nom

bibliothèque

Le pluriel de "library" est "libraries" [ˈlaɪbrərɪz].

You mustn't make any noise in libraries.
On ne doit pas faire de bruit dans les bibliothèques.

lick [lɪk] verbe **lécher**

lie, lie down [laɪ, laɪ daʊn] verbe

1. **s'allonger, se coucher**

Le prétérit de "lie" est "lay" [leɪ] ; le participe passé est "lain" [leɪn], mais cette forme est très rare.

Bill's lying (down) next to Boule.
Bill est allongé à côté de Boule.

2. Le verbe régulier "to lie" signifie **mentir**

life [laɪf] nom **vie**

Le pluriel de "life" est "lives" [laɪvz].

lift [lɪft]

verbe **soulever**

I can't lift the table by myself.
Je ne peux pas soulever la table tout seul.

nom **ascenseur**

En américain, on dit "elevator".

light [laɪt]

adjectif

1. En parlant d'un objet : **léger**

This bag is very light. Ce sac est très léger.

2. En parlant d'une pièce, des cheveux ou de la peau : **clair**

This room is light. Cette pièce est claire.

nom

1. **lumière**
2. **lampe**
3. **feu**

To set light to something.
Mettre le feu à quelque chose.

verbe **allumer**

Mum lit a fire. Maman a allumé un feu.

Le prétérit et le participe passé de "light" sont "lit" [lɪt].

You must stop at the traffic lights.
Il faut s'arrêter aux feux.

Dad put the car lights on.
Papa a allumé les feux de la voiture.

like [laɪk]

verbe

1. **aimer, aimer bien**

Do you like chocolate?
Vous aimez le chocolat ?

Bill likes Caroline.
Bill aime bien Caroline.

Caroline likes sleeping.
Caroline aime dormir.

2. Dans les phrases avec "would" qui expriment un souhait : **vouloir**

Would you like some more cake?
Tu voudrais encore du gâteau ?

If you like. Si tu veux.

préposition **comme**

Gregory has got a hat like mine.
Grégory a un chapeau comme le mien.

What's your teacher like?
À quoi ressemble ton professeur ?

Regarde page 81.

likely [ˈlaɪklɪ] adjectif **probable**

line [laɪn] nom **ligne**

lion [ˈlaɪən] nom **lion**

lip [lɪp] nom **lèvre**

listen [ˈlɪsn] verbe

1. **écouter**
2. **listen to somebody/something** **écouter quelqu'un/quelque chose**

*They are **listening to** the radio.*
Ils écoutent la radio.

little [ˈlɪtl] adjectif

1. **petit**
2. **peu de**

Dad has little time. Papa a peu de temps.

3. **a little** **un peu, un peu de**

– Do you want some ice cream? – A little.
– Tu veux de la glace ? – Un peu.

Boule has a little money.
Boule a un peu d'argent.

*Caroline is **a little** tired.*
Caroline est un peu fatiguée.

live [lɪv] verbe

1. **vivre**
2. **habiter**

Ben lives in Paris. Ben habite à Paris.

living room [ˈlɪvɪŋ ruːm] nom **salon**

lonely [ˈləʊnlɪ] adjectif **seul**

long [lɒŋ]

adjectif

1. **long**

Our garden is ten metres long.
Notre jardin fait dix mètres de long.

2. **a long time** **longtemps**

We've been waiting a long time.
Nous attendons depuis longtemps.

3. Pour indiquer une durée :

*This film is four hours **long**.*
Ce film dure quatre heures.

adverbe

1. **longtemps**

Boule didn't wait long.
Boule n'a pas attendu longtemps.

2. "How long" se traduit par l'expression : **combien de temps**

How long will that take?
Ça va prendre combien de temps ?

How long will you be?
Vous en avez pour combien de temps ?

What do you like, Bill?

Voici ce que Bill répond quand on lui demande ce qu'il aime ou ce qu'il n'aime pas :

– J'aime jardiner.

– Je n'aime pas la neige.

Ce qu'il adore :

– J'adore les os…

– … et Caroline.

Et ce qu'il déteste :

– Je déteste les chats !

longer [ˈlɒŋə^{r}] adverbe

no longer, not any longer ne… plus

Boule doesn't play the guitar any longer. Boule ne joue plus de la guitare.

look [lʊk]

nom

Se traduit par un verbe :

To have a look at something. Regarder quelque chose.

verbe

1. regarder

Look, the butcher's coming. Regarde, le boucher arrive.

2. chercher

*Bill **looked** everywhere but couldn't find his bone.*
Bill a cherché partout mais il n'a pas trouvé son os.

3. avoir l'air

You look tired. Tu as l'air fatigué.

Encore d'autres sens

Look change de sens en fonction de la préposition qui le suit :

- *to look after* → **s'occuper de**
- *to look at* → **regarder**
- *to look for* → **chercher**
- *to look like* → **ressembler à**
- *look out!* → **attention !**

lorry [ˈlɒrɪ] nom camion

Le pluriel de "lorry" est "lorries" [ˈlɒrɪz]. En américain, on dit "truck" [trʌk].

lose [luːz] verbe perdre

Le prétérit et le participe passé de "lose" sont "lost" [lɒst].

lot [lɒt] nom

a lot beaucoup

*Caroline sleeps **a lot**.* Caroline dort beaucoup.

*Bill has **a lot** of friends.* Bill a beaucoup d'amis.

loud [laʊd] adjectif et adverbe fort

The television is too loud. Le son de la télévision est trop fort.

Don't talk so loud! Ne parle pas si fort !

love [lʌv]

verbe

1. aimer

I love my parents. J'aime mes parents.

2. adorer

I love chocolate. J'adore le chocolat.

nom **amour**

Regarde page 81.

lovely [ˈlʌvlɪ] adjectif **agréable, beau, adorable**

low [ləʊ] adjectif **bas**

luck [lʌk] nom **chance**
You're in luck! Tu as de la chance !
Good luck! Bonne chance !

lucky [ˈlʌkɪ] adjectif
to be lucky **avoir de la chance**
He's very lucky. Il a beaucoup de chance.

lunch [lʌntʃ] nom **déjeuner**
We have lunch at one o'clock.
Nous déjeunons à une heure.
"Lunch box" [lʌntʃ bɒks] **désigne la boîte dans laquelle les enfants transportent leur déjeuner.**

She's so ***lovely!***
Elle est tellement adorable !

mad [mæd] adjectif

1. fou

I think you're mad!
Je pense que tu es fou !

2. fâché, en colère

*– I'm **mad** at you, Bill.*
– Je suis fâché contre toi, Bill.

made → make

mail [meɪl]

nom

1. courrier

*There's a lot of **mail** today.*
Il y a beaucoup de courrier aujourd'hui.

2. poste

By mail. Par la poste.

verbe **poster**

Boule mailed the letter.
Boule a posté la lettre.

mailman [ˈmeɪlmæn] nom facteur

Le pluriel de "mailman" est "mailmen" [ˈmeɪlmen]. Ce mot est américain : en anglais britannique, on dit "postman" [ˈpəʊstmən].

main [meɪn] adjectif principal

mainly [ˈmeɪnlɪ] adverbe surtout

make [meɪk] verbe

1. faire

You're making too much noise, Boule.
Tu fais trop de bruit, Boule.

Lucy always makes me laugh.
Lucy me fait toujours rire.

*Boule **made** lots of friends on the beach.*
Boule s'est fait beaucoup d'amis sur la plage.

2. rendre

The cold weather has made Caroline very sad.
Le temps froid a rendu Caroline très triste.

3. obliger

Dad made Boule do his homework.
Papa a obligé Boule à faire ses devoirs.

4. to make up inventer

Boule made up the whole story!
Boule a inventé toute l'histoire !

Le prétérit et le participe passé de "make" sont "made" [meɪd].

man [mæn] nom **homme**

Le pluriel de "man" est "men" [men].

many ['menɪ]

adjectif **beaucoup de**

I don't have many friends.
Je n'ai pas beaucoup d'amis.

pronom **beaucoup**

Are there many bones in there?
Y a-t-il beaucoup d'os là-dedans ?

BEAUCOUP ?

Many s'utilise surtout dans les phrases négatives et les questions. Sinon, on emploie a lot of.

Bill has a lot of bones. *Bill a beaucoup d'os.*

Many sert aussi à former de nombreuses locutions :

as many → **autant de**
how many → **combien de**
too many → **trop de**

On emploie many pour parler d'une quantité de choses que l'on peut compter et much pour parler d'une quantité de choses que l'on ne peut pas compter.

map [mæp] nom

1. **carte**

A map of France. Une carte de France.

2. **plan**

A map of New York. Un plan de New York.

March [mɑːtʃ] nom **mars**

Attention : les noms de mois prennent toujours une majuscule.

mark [mɑːk] nom

1. **marque**

Someone has made a mark on the wall.
Quelqu'un a fait une marque sur le mur.

2. **trace**

There are foot marks everywhere!
Il y a des traces de pieds partout !

3. À l'école : **note**

Le sens 3 est de l'anglais britannique. En américain, on dit "grade" [greɪd].

Boule got a good mark in English.
Boule a eu une bonne note en anglais.

match [mætʃ] nom

1. **match**

A football match. Un match de foot.

2. **allumette**

A box of matches. Une boîte d'allumettes.

mathematics [mæθə'mætɪks] nom

mathématiques

Attention : avec le mot "mathematics", le verbe est toujours au singulier.

"Maths" se dit "maths" [mæθs] en anglais britannique et "math" [mæθ] en américain.

matter ['mætə^r]

nom

En parlant d'un problème :

*There's something the **matter** with the TV.*
Il y a un problème avec la télé.

There's something the matter with Bill's leg. Bill a quelque chose à la jambe.

What's the matter? Qu'est-ce qu'il y a ?

What's the matter with Bill?
Mais qu'a donc Bill ?

verbe

It doesn't matter.
Ça n'a pas d'importance.

May [meɪ] nom **mai**

In May it starts to get hot.
En mai, il commence à faire chaud.

Attention : les noms de mois prennent toujours une majuscule.

may [meɪ]

VOUS AVEZ DIT MODAL ?

May s'utilise comme un verbe, mais il n'a pas d'infinitif et ne se conjugue pas : c'est un **auxiliaire modal**.
On l'emploie pour :

1. Exprimer une possibilité, souvent traduite par **peut-être** :

Gregory may be ill.
Grégory est peut-être malade.

2. Exprimer une permission, souvent traduite par **pouvoir** :

May I come in?
Est-ce que je peux entrer ?
Puis-je entrer ?

maybe ['meɪbiː] adverbe **peut-être**

me [miː] pronom

1. Pour marquer le complément d'objet direct ou indirect : **me, m'**

He knows me. Il me connaît.

They wrote to me. Ils m'ont écrit.

En anglais, "to me" a le même sens, mais vient après le nom : ***He gave the exercise book to me.*** Il m'a donné le cahier.

2. Après une préposition, le verbe "to be" ou dans les impératifs : **moi**

Is this present for me?
Est-ce que ce cadeau est pour moi ?

It's me. C'est moi.

Help me, Bill. Aide-moi, Bill.

meal [miːl] nom **repas**

Caroline had a good meal.
Caroline a fait un bon repas.

Regarde page ci-contre.

mean [miːn] verbe

1. **vouloir dire, signifier**

What do you mean?
Qu'est-ce que tu veux dire ?

What does this word mean?
Que signifie ce mot ?

2. **vouloir, avoir l'intention de**

Sorry, I didn't mean to hurt you!
Pardon, je ne voulais pas te faire mal !

Le prétérit et le participe passé de "mean" sont "meant" [ment].

*He didn't **mean** to break the window.*
Il n'a pas fait exprès de casser la vitre.

Meals

Comme Boule, les petits Anglais commencent leur journée par le petit déjeuner.

À midi, la plupart du temps, ils mangent des sandwichs qu'ils transportent dans une boîte.

À cinq heures, il est d'usage de prendre le thé.

Enfin, le soir, la famille se réunit pour le dîner.

meaning [ˈmiːnɪŋ] nom **sens**

meant → mean

meat [miːt] nom **viande**

meet [miːt] verbe
1. En parlant de quelqu'un que l'on voit par hasard : **rencontrer, se rencontrer**

*They **met** in the park.*
Ils se sont rencontrés dans le parc.

2. En parlant de quelqu'un avec qui on a un rendez-vous : **retrouver, se retrouver**
Where shall we meet?
Où est-ce que l'on se retrouve ?

3. to go and meet someone, to meet someone
aller chercher quelqu'un
Le prétérit et le participe passé de "meet" sont "met" [met].

*Dad **met** him outside the school.*
Papa est allé le chercher devant l'école.

meeting [ˈmiːtɪŋ] nom
1. **réunion**
2. **rencontre**
3. **rendez-vous**

memory [ˈmemərɪ] nom
1. **mémoire**
2. **souvenir**
Le pluriel de "memory" est "memories" [ˈmemərɪz].

mend [mend] verbe **réparer**
En américain, on dit "to fix".

merry [ˈmerɪ] adjectif **joyeux**
Merry Christmas! Joyeux Noël !

mess [mes] nom **désordre, pagaille, saletés**

*– There is no more **mess** in the fridge.*
– Il n'y a plus de désordre dans le frigo.

messy [ˈmesɪ] adjectif
1. En parlant d'une pièce : **en désordre**
2. En parlant de cheveux, de vêtements : **peu soigné**

met → meet

mice → mouse

midday [mɪdˈdeɪ] nom **midi**
At midday. À midi.

middle [ˈmɪdl] nom **milieu**
I'm sitting in the middle of the garden.
Je suis assis au milieu du jardin.

midnight [ˈmɪdnaɪt] nom **minuit**

At midnight. À minuit.

might [maɪt] verbe auxiliaire

"Might" est le passé de l'auxiliaire modal "may".

On l'emploie pour exprimer une possibilité, souvent traduite par "peut-être" ou "il se peut que".

They might be ill.

Ils sont peut-être malades.

He might come. Il va sans doute venir.

milk [mɪlk] nom **lait**

mind [maɪnd]

nom

1. **esprit**
2. to change one's mind **changer d'avis**

verbe

1. Pour exprimer le dérangement :

– Do you mind waiting five minutes?
– No, I don't mind.
– Ça vous dérange d'attendre cinq minutes ?
– Non, ça ne me dérange pas.

2. Pour exprimer l'indifférence :

– Do you want this bone or that one, Bill?
– I don't mind!
– Tu veux cet os-ci ou cet os-là, Bill ?
– Ça m'est égal !

3. Never mind! **Ça ne fait rien !**

mine [maɪn] pronom

1. **le mien, la mienne, les miens, les miennes**

Your bike is fast but mine is even faster.
Ton vélo est rapide, mais le mien est plus rapide encore.

2. **à moi**

These apples are mine.
Ces pommes sont à moi.

minute [ˈmɪnɪt] nom **minute**

I'll be back in a minute.
Je reviens dans une minute.

mirror [ˈmɪrəʳ] nom **miroir, glace**

Bill likes mirrors.
Bill aime les miroirs.

Miss [mɪs] nom **mademoiselle**

Quand on ne veut pas faire la différence entre "Miss" et "Mrs" (madame), on utilise la forme "Ms" [mɪz] ou [məz].

miss [mɪs] verbe

1. Pour exprimer ce que l'on ne réussit pas à atteindre, pour dire que l'on arrive trop tard : **manquer, rater**

We've missed the bus.
Nous avons manqué le bus.

2. Pour exprimer la nostalgie :

I miss you, Bill.
Tu me manques, Bill.

He misses her. Elle lui manque.

3. to be missing **avoir disparu, manquer**

– *My sandwich is missing.*
– Mon sandwich a disparu.

There are a few pages missing.
Il y a quelques pages qui manquent.

mistake [mɪˈsteɪk] nom **erreur, faute**

By mistake. Par erreur.

mix [mɪks] verbe **mélanger**

Monday [ˈmʌndɪ] nom **lundi**

I didn't go to school on Monday.
Je ne suis pas allé à l'école lundi.

Attention : les noms de jours prennent toujours une majuscule.

money [ˈmʌnɪ] nom **argent**

It costs a lot of money.
Ça coûte beaucoup d'argent.

monkey [ˈmʌŋkɪ] nom **singe**

month [mʌnθ] nom **mois**

Three times a month. Trois fois par mois.

moon [muːn] nom **lune**

more [mɔːʳ]

adjectif et pronom

1. **plus de, plus**

Dad has more money than Boule.
Papa a plus d'argent que Boule.

It took me more than ten minutes.
Ça m'a pris plus de dix minutes.

I have more than you.
J'en ai plus que toi.

2. **encore de, encore**

Pouf wants some more cake.
Pouf veut encore du gâteau.

Wait a few more minutes.
Attends encore quelques minutes.

adverbe **plus**

– *My book is more interesting than yours!*
– Mon livre est plus intéressant que le tien !

Boule reads more than before.
Boule lit plus qu'avant.

Pour l'expression "any more", regarde le mot "any".

morning [ˈmɔːnɪŋ] nom

1. **matin**

What are you doing tomorrow morning?
Qu'est-ce que tu fais demain matin ?

2. **matinée**

Boule stayed in bed all morning.
Boule est resté au lit toute la matinée.

most [məʊst]

Most people love ice cream.
La plupart des gens adorent les glaces.

adjectif et pronom

1. **la plupart des**

Most of the teachers live near the school.
La plupart des professeurs habitent près de l'école.

2. **le plus de, le plus**

As always, he ate the most.
Comme toujours, c'est lui qui a le plus mangé.

Pouf ate the most cake.
C'est Pouf qui a mangé le plus de gâteau.

adverbe **le plus**

Bill likes this bone most.
C'est cet os-ci que Bill aime le plus.

mother [ˈmʌðəʳ] nom **mère**

motorbike [ˈməʊtəbaɪk] nom **moto**

En américain, on dit "motorcycle" [ˈməʊtəˌsaɪkl].

mountain [ˈmaʊntɪn] nom **montagne**

mouse [maʊs] nom **souris**

Le pluriel de "mouse" est "mice" [maɪs].

The mice are running away!
Les souris s'enfuient !

mouth [maʊθ] nom **bouche**

Don't talk with your mouth full.
Ne parle pas la bouche pleine.

move [muːv]

verbe **bouger**

nom **mouvement**

movie [ˈmuːvɪ] nom

1. **film**
2. to go to the movies **aller au cinéma**

I like going to the movies.
J'aime aller au cinéma.

Mr [ˈmɪstəʳ] nom **Monsieur**

Mrs [ˈmɪsɪz] nom **Madame**

Quand on ne veut pas faire la différence entre "Mrs" et "Miss" (mademoiselle), on utilise la forme "Ms" [mɪz] ou [məz].

much [mʌtʃ]

adjectif **beaucoup de**

I haven't much time.
Je n'ai pas beaucoup de temps.

pronom **beaucoup**

He hasn't eaten much.
Il n'a pas beaucoup mangé.

adverbe **beaucoup**

Bill doesn't much like having a bath.
Bill n'aime pas beaucoup les bains.

Beaucoup ?

Much s'utilise surtout dans les phrases négatives et les questions. Sinon, on emploie a lot of.

Boule ate a lot of cake.
Boule a mangé beaucoup de gâteau.

Much sert aussi à former de nombreuses locutions :

as much → **autant de**
how much → **combien de**
too much → **trop de**

On emploie much pour parler d'une quantité de choses que l'on ne peut pas compter et many pour parler d'une quantité de choses que l'on peut compter.

mum [mʌm] nom **maman**

Dans le langage familier, on dit aussi "mummy" [ˈmʌmi]. Le pluriel de "mummy" est "mummies" [ˈmʌmiz]. En américain, on dit "mom" [mɒm] et "mommy" [ˈmɒmi].

mushroom [ˈmʌʃrʊm] nom

champignon

music [ˈmjuːzɪk] nom **musique**

They were listening to music.
Ils écoutaient de la musique.

must [mʌst]

Vous avez dit modal ?

Must s'utilise comme un verbe, mais il n'a pas d'infinitif et ne se conjugue pas : c'est un **auxiliaire modal**.
On l'emploie pour :

1. Exprimer l'obligation : **devoir**

We must leave now.
Nous devons partir maintenant.

2. Exprimer une probabilité :

I must have forgotten.
J'ai dû oublier.

À la forme négative, must exprime une interdiction :

You mustn't play with matches.
Tu ne dois pas jouer avec les allumettes.

my [maɪ] adjectif **mon, ma, mes**

My father. Mon père.
My mother. Ma mère.
My parents. Mes parents.

Attention : l'adjectif possessif se rapporte au possesseur et reste invariable.

myself [maɪˈself] pronom

1. moi-même

I did that myself. J'ai fait ça moi-même.

2. me, m'

I'm washing myself. Je me lave.

name [neɪm] nom **nom**
Regarde page 95.

nasty [ˈnɑːstɪ] adjectif
1. **mauvais**
The weather's nasty. Il fait mauvais.
2. **méchant**

– Don't be nasty to Caroline!
– Ne sois pas méchant avec Caroline !

nature [ˈneɪtʃəʳ] nom **nature**
Regarde page 97.

naughty [ˈnɔːtɪ] adjectif
vilain, méchant
He's a naughty boy!
C'est un méchant garçon !

near [nɪəʳ]
préposition **près de**
There's a butcher's shop near the school.
Il y a un boucher près de l'école.
adjectif **proche**
Where are the nearest shops?
Où sont les magasins les plus proches ?
adverbe **près**
My friend lives very near.
Mon ami habite tout près.

nearby [nɪəˈbaɪ] adverbe **tout près**
There's a supermarket nearby.
Il y a un supermarché tout près.
My aunt lives nearby.
Ma tante habite tout près.

nearly [ˈnɪəlɪ] adverbe
1. **presque**
It's nearly six o'clock.
Il est presque six heures.
2. Avec certains verbes d'action : **faillir**

Boule nearly fell into the hole.
Boule a failli tomber dans le trou.

neat [niːt] adjectif
1. bien rangé

*The kitchen is not very **neat**!*
La cuisine n'est pas très bien rangée !

2. soigné
This is neat work. C'est un travail soigné.

neck [nek] nom **cou**

need [niːd] verbe
1. avoir besoin de

*Bill **needs** some water.*
Bill a besoin d'eau.

2. Pour exprimer l'obligation : **devoir**
Do you need to go to the toilet?
Tu dois aller aux toilettes ?

neighbour [ˈneɪbəʳ] nom **voisin, voisine**
En américain, on écrit "neighbor".

nephew [ˈnefjuː] nom **neveu**

nest [nest] nom **nid**

net [net] nom
1. filet
He catches butterflies with his net.
Il attrape les papillons avec son filet.

2. Net, Internet
Boule loves surfing the Net.
Boule adore surfer sur le Net.

never [ˈnevəʳ] adverbe
1. ne… jamais
Noisette has never been to Paris.
Noisette n'est jamais allée à Paris.

2. jamais

*– Give me this bone! – **Never**!*
– Donne-moi cet os ! – Jamais !

3. Never mind! Ça ne fait rien !

What's your name?

Il y a une seule façon de demander son nom à quelqu'un.
Mais il y en a plusieurs pour répondre à cette question.

– Comment t'appelles-tu ?

– Je m'appelle Noisette.

– Comment vous appelez-vous ?
– Je m'appelle Mme Stick.

– Comment s'appelle votre chat ?
– Il s'appelle Caporal.

Attention : ne pas confondre "prénom", "nom de famille" et "surnom".

– Bonjour ! Mon prénom est John-Cadre. Mon nom de famille est d'Hinnamich…

– … et mon surnom est J.-C. Parfait.

new [njuː] adjectif

1. nouveau

*– I'm Mrs Stick, your **new** neighbour!*
– Je suis Mme Stick, votre nouvelle voisine !

2. neuf

Our car is new. Notre voiture est neuve.

news [njuːz] nom

1. nouvelle, nouvelles

Is the news good?
Les nouvelles sont-elles bonnes ?

Attention : avec le mot “news” le verbe est toujours au singulier. “Une nouvelle” se dit “a piece of news”.

2. Pour parler des actualités à la radio ou à la télévision : **informations**

He's listening to the news.
Il écoute les informations.

newspaper [ˈnjuːzˌpeɪpəʳ] nom

journal

next [nekst]

adjectif

1. prochain

Come next month. Viens le mois prochain.

2. suivant

Look on the next page!
Regarde sur la page suivante !

The next day. Le lendemain.

3. d'à côté

Pouf is in the next room.
Pouf est dans la chambre d'à côté.

adverbe

1. ensuite

What did you do next?
Qu'est-ce que tu as fait ensuite ?

2. la prochaine fois

Bring me a bone when you come next.
Apporte-moi un os la prochaine fois que tu viendras.

3. next to à côté de

Sit next to me. Assieds-toi à côté de moi.

4. next door à côté

Mrs Stick lives next door.
Mme Stick habite à côté.

nice [naɪs] adjectif

1. bon

What a nice meal! Quel bon repas !

2. beau, joli

What nice weather! Quel beau temps !

He lives in a nice house.
Il habite une jolie maison.

3. gentil

Be nice to Bill. Sois gentil avec Bill.

niece [niːs] nom nièce

night [naɪt] nom

1. nuit

We don't like going out at night.
Nous n'aimons pas sortir la nuit.

2. soir

It was on TV last night.
C'était à la télé hier soir.

Nature

Boule et sa famille adorent la nature.

– Nous aimons beaucoup la forêt…

– Nous aimons beaucoup la montagne…

– Nous aimons beaucoup la mer…

On dit aussi “seaside”.

– Nous aimons beaucoup la campagne.

On dit aussi “countryside”.

Mais la campagne les aime-t-elle ?

no [nəʊ]

adverbe **non**

– Are you coming, Bill? – No!
– Tu viens, Bill ? – Non !

adjectif **pas de**

I have no room for my bike.
Je n'ai pas de place pour mon vélo.

nobody [ˈnəʊbədɪ] pronom

1. **ne… personne**

There's nobody in the garden.
Il n'y a personne dans le jardin.

2. **personne**

– Who did you speak to? – Nobody!
– À qui as-tu parlé ? – À personne !

"Personne" se dit aussi "no one" :
No one saw him. Personne ne l'a vu.

noise [nɔɪz] nom **bruit**

none [nʌn] pronom

1. **aucun**

None of my friends came.
Aucun de mes amis n'est venu.

2. Pour parler d'une quantité : **en**

– Do you have any bread?
– No, I have none.
– Tu as du pain ?
– Non, je n'en ai pas.

noon [nuːn] nom **midi**

At noon. À midi.

nose [nəʊz] nom

1. **nez**
2. En parlant du nez d'un chien : **truffe**

not [nɒt] adverbe

1. **ne… pas**

Bill's not here. Bill n'est pas là.

2. **pas**

– Are you coming or not?
– Tu viens ou pas ?

Not at all. Pas du tout.
Not yet. Pas encore.

3. **non**

I hope not. J'espère que non.

C'EST PLUS COURT…

Après do, have, be, can, must, should et will, not est le plus souvent abrégé en n't.

I did not do it. → *I didn't do it.*
I have not eaten. → *I haven't eaten.*
I was not there. → *I wasn't there.*

notebook [ˈnəʊtbʊk] nom **carnet**

nothing [ˈnʌθɪŋ] pronom

1. **ne… rien**

Caroline has nothing to eat.
Caroline n'a rien à manger.

2. **rien**

– Did you find anything?
– No, nothing!
– As-tu trouvé quelque chose ?
– Non, rien !

Nothing at all. Rien du tout.

notice [ˈnəʊtɪs]

nom **attention**

Boule took no notice of what dad said.
Boule n'a prêté aucune attention à ce que papa a dit.

verbe **remarquer**

I noticed Bill wasn't there.
J'ai remarqué que Bill n'était pas là.

November [nəʊˈvembəʳ] nom

novembre

In November, we're going to Greece.
En novembre, nous partons en Grèce.

Attention : les noms de mois prennent toujours une majuscule.

now [naʊ] adverbe **maintenant**

From now on. À partir de maintenant.

nowhere [ˈnəʊweəʳ] adverbe

nulle part

Bill goes nowhere without Boule!
Bill ne va nulle part sans Boule !

number [ˈnʌmbəʳ] nom

1. **numéro**

What's your telephone number?
Quel est votre numéro de téléphone ?

2. **nombre**

Regarde pages 100-101.

nurse [nɜːs] nom **infirmière**

nut [nʌt] nom

"Nut" est un terme général pour les fruits tels que les noix, noisettes, amandes, cacahuètes.

He saw a large number of dogs.
Il vit un grand nombre de chiens.

Numbers

Boule a-t-il bien appris sa leçon ? Monsieur Morris l'interroge d'abord sur les nombres cardinaux.

– Compte de 1 à 19.

Boule a bien répondu. Monsieur Morris lui demande autre chose.

– Maintenant Boule, récite-moi les dizaines.

Ça se complique ! Boule doit à présent traduire une liste de nombres.

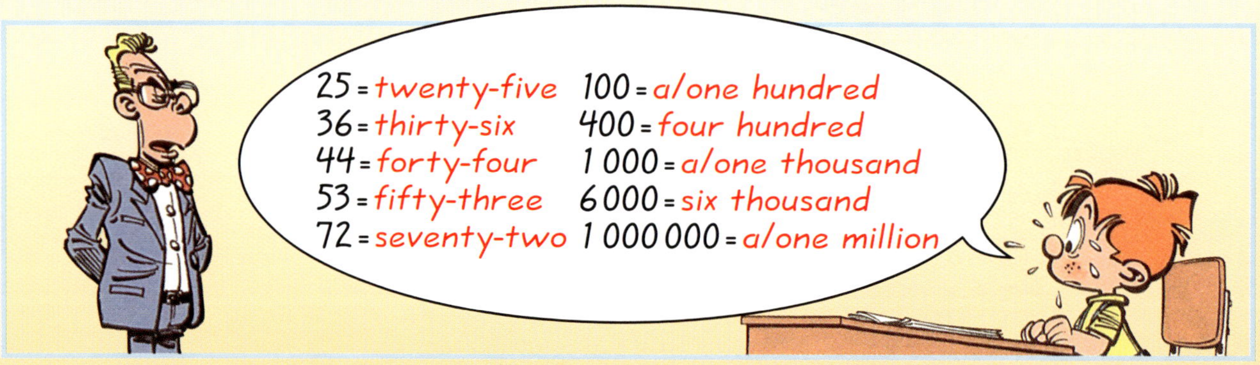

Le professeur a expliqué ensuite aux élèves que les nombres ordinaux sont toujours précédés de ***the*** et qu'ils sont formés en ajoutant ***th*** aux nombres cardinaux.

Il précise qu'il y a 3 exceptions.

Toute la classe doit énumérer les nombres ordinaux :

Monsieur Morris félicite ses élèves.

– Très bien ! Personne n'a zéro.

obey [əˈbeɪ] verbe **obéir à**

Bill always obeys dad.
Bill obéit toujours à papa.

o'clock [əˈklɒk] adverbe

It's three o'clock. Il est trois heures.

On utilise "o'clock" pour parler de l'heure exacte. Son usage est facultatif, on peut dire : ***At eight o'clock./At eight.*** À huit heures.

October [ɒkˈtəʊbə^{r}] nom **octobre**

Attention : les noms de mois prennent toujours une majuscule.

odd [ɒd] adjectif **bizarre**

Bill looks odd today.
Bill a l'air bizarre aujourd'hui.

of [əv, ɒv] préposition

1. de

What's the colour of your bike?
Quelle est la couleur de ton vélo ?

Would you like a cup of tea?
Veux-tu une tasse de thé ?

2. Ne se traduit pas dans les dates :

The fourteenth of February.
Le quatorze février.

3. Suivi par "it" ou "them" : **en**

Will he manage to eat a lot of it?
Va-t-il réussir à en manger beaucoup ?

of course [ɒf kɔːs] adverbe **bien sûr**

off [ɒf]

Un petit mot très utile

- Quand il est adjectif et adverbe, off permet d'exprimer :

1. L'idée d'arrêter ou d'éteindre :

The lights are off.
Les lumières sont éteintes.

Mum turned the tap off.
Maman a fermé le robinet.

2. L'idée d'enlever :

He took his glasses off.
Il a enlevé ses lunettes.

3. L'idée de partir ou d'être absent :

It's late. I'm off!
Il est tard. Je m'en vais !

Dad has two days off.
Papa a deux jours de congé.

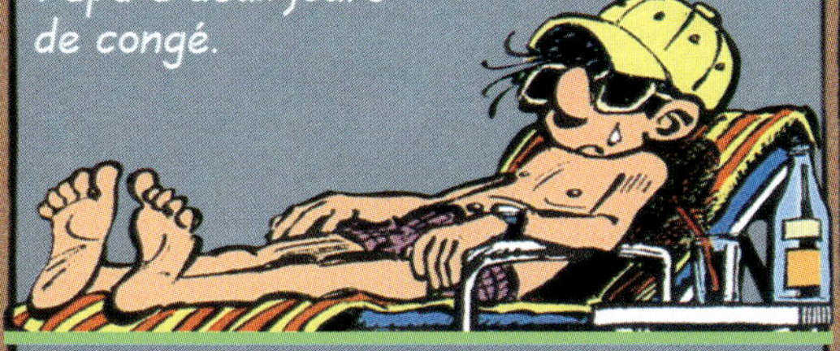

4. L'idée de distance :

Tokyo is a long way off.
Tokyo est loin.

5. L'idée d'annuler :

The concert is off.
Le concert est annulé.

- Quand il est préposition, off se traduit par :

1. **de**

We got off the train.
Nous sommes descendus du train.

2. **absent de**

Pouf's off school today.
Pouf est absent de l'école aujourd'hui.

office [ˈɒfɪs] nom **bureau**

– *What is your dog doing in the office?*
– Que fait votre chien dans le bureau ?

often [ˈɒfn, ˈɒftn] adverbe

1. **souvent**
2. how often **combien de fois, tous les combien**

How often did you meet him?
Combien de fois l'as-tu rencontré ?

How often do the buses come?
Les bus passent tous les combien ?

oil [ɔɪl] nom

1. **huile**
2. **pétrole**

OK, okay [ˈəʊˈkeɪ] adverbe et adjectif

1. **d'accord**

– Can we play in the garden? – OK!
– On peut jouer dans le jardin ? – D'accord !

2. **bien**

Boule fell over but he's OK.
Boule est tombé par terre, mais il va bien.

old [əʊld] adjectif

1. **vieux**

Her mother is old. Sa mère est vieille.

2. **âgé**

Pouf is older than Boule.
Pouf est plus âgé que Boule.

3. Pour parler de l'âge : regarde page 105.

on [ɒn]

Un petit mot très utile

- Quand il est préposition, on se traduit le plus souvent par : **sur**

Bill put his bones on the plate.
Bill a mis ses os sur l'assiette.

Quand on parle de la manière dont on fait quelque chose, il se traduit par : **à, en, dans**

Let's go on foot.
Allons-y à pied.

They go to school on the bus.
Ils vont à l'école en bus.

Boule and Bill are on the bus.
Boule et Bill sont dans le bus.

On l'utilise également quand on parle de la date ou du jour :

We don't go to school on Sundays.
Nous n'allons pas à l'école le dimanche.

I'll see you on Sunday.
Je te verrai dimanche.

On the fifth of June.
Le cinq juin.

- Quand il est adverbe et adjectif, on permet d'exprimer :

1. L'idée de mettre quelque chose en marche :

Can you switch the radio on?
Tu peux allumer la radio ?

The tap is on. Le robinet est ouvert.

2. L'idée de couvrir ou de porter :

Alex put his glasses on.
Alex a mis ses lunettes.

3. L'idée d'une continuation :

Go on. Continue.

once [wʌns] adverbe

1. **une fois**

Bill has a bath once a week.
Bill prend un bain une fois par semaine.

Once again./Once more. Encore une fois.

2. at once **tout de suite, en même temps**

– Come here at once!
– Viens ici tout de suite !

Don't all speak at once!
Ne parlez pas tous en même temps !

one [wʌn]

adjectif et nom **un, une**

It costs one euro. Ça coûte un euro.

pronom

1. **un, une**

I have one. J'en ai un.

2. this one/that one **celui-ci/celui-là**
3. another one **un autre**
4. Which one? **Lequel ? Laquelle ?**

Which one is the biggest?
Laquelle est la plus grosse ?

How old are you?

Voici comment on demande son âge à quelqu'un et comment on lui répond.

– Quel âge avez-vous ?

– J'ai soixante ans.

Mais on n'est pas obligé de répéter *old* à chaque fois.
Regarde comment répondent les garçons.

– Quel âge avez-vous ?

– J'ai huit ans.

– Il a sept ans. C'est le plus jeune.

– J'ai neuf ans. Je suis le plus vieux.

onion [ˈʌnjən] nom **oignon**

only [ˈəʊnlɪ]

adverbe **ne... que, seulement**

Do you only eat bones, Bill? Tu ne manges que des os, Bill ?

It costs only ten euros. Cela coûte seulement dix euros.

adjectif **seul**

– *Bill, you're my only friend.*
– Bill, tu es mon seul ami.

or [ɔːʳ] conjonction

1. **ou**

– *Are you coming or staying?*
– Tu viens ou tu restes ?

2. Dans les phrases négatives : **ni**

Boule doesn't have a brother or a sister. Boule n'a ni frère ni sœur.

open [ˈəʊpən]

adjectif **ouvert**

verbe **ouvrir**

Open the window. Ouvre la fenêtre.

The supermarket opens at eight. Le supermarché ouvre à huit heures.

orange [ˈɒrɪndʒ]

nom **orange**

Caroline doesn't like oranges. Caroline n'aime pas les oranges.

adjectif **orange**

An orange shirt. Une chemise orange.

opposite [ˈɒpəzɪt]

préposition **en face de**

Our house is opposite the school. Notre maison est en face de l'école.

adjectif

1. **opposé**

Dad was driving in the opposite direction. Papa roulait dans la direction opposée.

2. **autre**

On the opposite side of the street. De l'autre côté de la rue.

adverbe **en face**

Who lives opposite? Qui habite en face ?

nom **contraire**

What's the opposite of "heavy"? Quel est le contraire de "lourd" ?

order [ˈɔːdəʳ] nom **ordre**

Put these numbers in the right order. Mettez ces chiffres dans le bon ordre.

Bill obeys orders. Bill obéit aux ordres.

other [ˈʌðəʳ]

adjectif

1. **autre**

Where's the other bone? Où est l'autre os ?

2. **d'autres**

Dad has other problems now. Papa a d'autres problèmes maintenant.

pronom **autre**

The others haven't come yet. Les autres ne sont pas encore arrivés.

our ['aʊəʳ] adjectif notre, nos

– *This is **our** sausage.*
– C'est notre saucisse.

Our brother. Notre frère.

Our friends. Nos amis.

Attention : l'adjectif possessif se rapporte au possesseur et reste invariable.

ours ['aʊəz] pronom

1. le nôtre, la nôtre, les nôtres

– *There are some cakes better than **ours**.*
– Il y a des gâteaux meilleurs que les nôtres.

2. à nous

These pens are ours.
Ces stylos sont à nous.

Attention : le pronom possessif se rapporte au possesseur et reste invariable.

ourselves [aʊə'selvz] pronom

1. nous-mêmes

We did that ourselves.
Nous avons fait ça nous-mêmes.

2. nous

We are washing ourselves.
Nous nous lavons.

out [aʊt] adverbe et adjectif

1. En parlant de l'extérieur de quelque chose : **dehors**

It's cold out. Il fait froid dehors.

2. En parlant de quelqu'un qui n'est pas là : **sorti, pas là**

Sorry, Pouf is out. Désolé, Pouf n'est pas là.

He went out. Il est sorti.

3. En parlant d'un feu ou d'une lumière :

*The lights are **out**.*
Les lumières sont éteintes.

She put out the fire. Elle a éteint le feu.

4. out of **en dehors de, dans**

Bill can't drink out of a glass!
Bill ne peut pas boire dans un verre !

outside [aʊt'saɪd]

adverbe **dehors**

préposition

1. en dehors de

2. devant

Dad parked outside the school.
Papa s'est garé devant l'école.

oven ['ʌvn] nom four

owl [aʊl] nom hibou

over ['əʊvəʳ]

UN PETIT MOT TRÈS UTILE

• Quand over est préposition, il se traduit par :

1. **au-dessus de**

Lionel's family lives over the shop.
La famille de Lionel habite au-dessus du magasin.

2. **sur**

Don't put that bag over your head!
Ne mets pas ce sac sur ta tête !

3. **par-dessus**

Bill jumped over the wall.
Bill a sauté par-dessus le mur.

4. **plus de**

Dad's over thirty.
Papa a plus de trente ans.

5. **pendant**

It happened over the summer.
Ça s'est passé pendant l'été.

• Quand over est adverbe, il se traduit par :

1. **plus**

Ten euros or over. Dix euros ou plus.

2. Pour parler de ce qui reste :

There's nothing over.
Il ne reste plus rien.

• Quand over est adjectif, il se traduit par : **fini**

• Over sert aussi à former de nombreuses locutions :

over here → **ici, par ici**
over there → **là-bas**
all over → **partout**

own [əʊn]

adjectif **propre**

Boule has his own car.
Boule a sa propre voiture.

pronom

1. On utilise "my own", "your own"... pour parler de quelque chose qui vous appartient :

Is that bike your own?
Est-ce que ce vélo est à toi/est le tien ?

2. **on one's own** **tout seul**

verbe **posséder**

ox [ɒks] nom bœuf

Le pluriel de "ox" est "oxen" ['ɒksən].

Attention : "ox" désigne l'animal, on emploie "beef" pour parler de la viande.

Bill's sad because the film is over.
Bill est triste parce que le film est fini.

Pp

pack [pæk] verbe
1. **faire ses valises**

Boule's leaving tomorrow but he hasn't started packing yet!
Boule part demain mais il n'a pas encore commencé à faire ses valises !

2. **mettre dans une valise**

Don't forget to pack your football.
N'oublie pas de mettre ton ballon de foot dans ta valise.

page [peɪdʒ] nom **page**
The pages of a book. Les pages d'un livre.

paid → pay

paint [peɪnt]
verbe **peindre**

Dad had decided to paint the wall.
Papa avait décidé de peindre le mur.

nom **peinture**

"Wet paint." "Peinture fraîche."

painting [ˈpeɪntɪŋ] nom **tableau**

pale [peɪl] adjectif **pâle**

pan [pæn] nom **casserole**

pancake [ˈpæŋkeɪk] nom **crêpe**

panties [ˈpæntɪz] nom au pluriel
slip (de femme), culotte

Attention : on utilise toujours "panties" au pluriel.

pants [pænts] nom au pluriel
1. **slip (d'homme)**

En américain, on dit "underpants".

2. **pantalon**

Le sens de "pantalon" est américain.

Attention : on utilise toujours "pants" au pluriel.

– Where are my pants?
– Où est mon pantalon ?

paper [ˈpeɪpəʳ] nom

1. **papier**

A paper bag. Un sac en papier.

2. **journal**

Bill bought a lot of papers.
Bill a acheté beaucoup de journaux.

pardon [ˈpɑːdn] exclamation **pardon**

Pardon? I didn't hear!
Pardon ? Je n'ai pas entendu !

parents [ˈpeərənts] nom au pluriel

parents

park [pɑːk]

nom **parc**

They often go in the park for a walk.
Ils vont souvent se promener dans le parc.

verbe

1. **garer**

She parked the car. Elle a garé la voiture.

2. **se garer, stationner**

No parking. Stationnement interdit.

parrot [ˈpærət] nom **perroquet**

part [pɑːt] nom

1. **partie**

The first part of the lesson is finished.
La première partie de la leçon est terminée.

2. En parlant d'un spectacle ou d'une pièce : **rôle**

3. to take part in something **participer à quelque chose**

party [ˈpɑːtɪ] nom **fête, soirée**

– What a nice party!
– Quelle belle fête !

A birthday party. Une fête d'anniversaire.

Le pluriel de "party" est "parties" [ˈpɑːtɪz].

pass [pɑːs] verbe

1. **passer devant**

We've passed Boule's school.
Nous sommes passés devant l'école de Boule.

2. **croiser**

I passed him in the street.
Je l'ai croisé dans la rue.

3. **passer**

Pass me some cake. Passe-moi du gâteau.

4. to pass an exam
être reçu à un examen

Did Boule pass?
Est-ce que Boule a été reçu ?

passenger [ˈpæsɪndʒəʳ] nom

passager, passagère

passport [ˈpɑːspɔːt] nom **passeport**

past [pɑːst]

préposition

1. **devant**

Dad went past the school.
Papa est passé devant l'école.

2. **après**

Our house is just past the station.
Notre maison est juste après la gare.

3. En parlant de l'heure :

It's ten past six. Il est six heures dix.

En américain, on dit : ***It's ten after six.***

adverbe

Se traduit par des expressions :

To drive past. Passer en voiture.

Bill ran past.
Bill est passé en courant.

adjectif

1. **dernier**

The past few months. Ces derniers mois.

2. the past tense **le passé (conjugaison)**

patient [ˈpeɪʃnt] adjectif **patient**

Be patient with Bill. Sois patient avec Bill.

pavement [ˈpeɪvmənt] nom **trottoir**

En américain, on dit "sidewalk" [ˈsaɪdwɔːk].

pay [peɪ] verbe

1. **payer**

I paid twenty euros. J'ai payé vingt euros.

2. to pay attention **faire attention**

Pay attention to what I'm saying, Bill!
Fais attention à ce que je dis, Bill !

3. to pay back **rembourser**

4. to pay for **payer**

– Are you sure you paid for everything?
– Êtes-vous sûre d'avoir tout payé ?

– You must pay for this also!
– Vous devez payer ça aussi !

Le prétérit et le participe passé de "pay" sont "paid" [peɪd].

pea [piː] nom **petit pois**

peace [piːs] nom **paix**

peach [piːtʃ] nom **pêche**

peanut [ˈpiːnʌt] nom **cacahuète**

pear [peəʳ] nom **poire**

pen [pen] nom **stylo**

pence → penny

pencil [ˈpensl] nom
1. **crayon**
2. pencil case **trousse**

penny [ˈpenɪ] nom
1. Au Royaume-Uni : **penny**
Le pluriel de "penny" est "pennies" [ˈpenɪz] quand on parle de pièces de monnaie : ***I saw two pennies on the ground.*** J'ai vu deux pennies par terre. Le pluriel est "pence" [pens] quand on parle de la valeur : ***It costs ten pence.*** Ça coûte dix pence.
2. Aux États-Unis : **cent**
Le pluriel de "penny" est toujours "pennies".

people [ˈpiːpl] nom au pluriel
1. **personnes**
There were five people in the bus.
Il y avait cinq personnes dans le bus.
2. **gens**
"People" est le pluriel de "person".

*– Are all these **people** coming with us?*
– Est-ce que tous ces gens partent avec nous?

pepper [ˈpepəʳ] nom **poivre**
Some more pepper, Boule?
Encore du poivre, Boule ?

perfect [ˈpɜːfɪkt] adjectif **parfait**

perhaps [pəˈhæps] adverbe **peut-être**

period [ˈpɪərɪəd] nom
1. **période**
2. **cours, heure de cours**

*Boule has an English **period** now.*
Boule est en cours d'anglais.

person [ˈpɜːsn] nom **personne**
An old person. Une personne âgée.
Le pluriel habituel de "person" est "people".

pet [pet] nom **animal familier**
Regarde page ci-contre.

Pets

La plupart des gens ont un chat ou un chien pour animal familier.

– Je suis l'animal familier de Boule.

– Caporal est l'animal familier de Madame Stick.

Mais certains peuvent avoir des oiseaux, une souris, des perroquets, une tortue, un hamster ou des poissons.

Regarde aussi d'autres animaux page 11, les animaux de la ferme page 47, et les animaux sauvages page 169.

phone [fəʊn]

nom **téléphone**

*Mum's on the **phone**.*
Maman est au téléphone.

A phone call. Un coup de téléphone.

verbe

1. **téléphoner**

He phoned to invite us.
Il a téléphoné pour nous inviter.

2. **appeler, téléphoner à**

I'll phone him later. Je l'appellerai plus tard.

On dit aussi "telephone" [ˈtelɪfəʊn].

photo [ˈfəʊtəʊ] nom **photo**

To take a photo of someone.
Prendre quelqu'un en photo.

piano [pɪˈænəʊ] nom **piano**

Can you play the piano, Pouf?
Sais-tu jouer du piano, Pouf ?

pick [pɪk] verbe

1. **choisir**

2. En parlant de fleurs : **cueillir**

She's picking roses. Elle cueille des roses.

3. to pick up **ramasser, aller chercher**

Bill, pick up your bones!
Bill, ramasse tes os !

Dad will pick you up at school, Boule.
Papa ira te chercher à l'école, Boule.

picture [ˈpɪktʃə^{r}] nom

1. **tableau**

*– What a beautiful **picture**!*
– Quel joli tableau !

2. **photo**

*Boule took **pictures** of Bill.*
Boule a pris Bill en photo.

3. **dessin**

Boule drew a picture of dad.
Boule a fait un dessin de papa.

4. **image**

The picture on our TV is very clear.
L'image de notre télé est très bonne.

piece [piːs] nom
1. **morceau**
A piece of cheese.
Un morceau de fromage.
2. **pièce**
A ten-pence piece. Une pièce de dix pence.
Dans un petit nombre d'expressions, on traduit "a piece of" par l'article indéfini en français : *a piece of advice*, un conseil ; *a piece of news*, une nouvelle ; *a piece of information*, un renseignement.

pig [pɪg] nom **cochon, porc**
Attention : quand on parle de la viande de porc, on dit "pork" [pɔːrk].

pillow [ˈpɪləʊ] nom **oreiller**

pin [pɪn] nom
1. **épingle**
2. **punaise**
Fix the drawing to the wall with a pin.
Fixe le dessin au mur avec une punaise.
En américain, on dit "thumbtack" [ˈθʌmtæk].

pineapple [ˈpaɪnæpəl] nom **ananas**

pink [pɪŋk] adjectif **rose**

pity [ˈpɪtɪ] nom
1. **dommage**

– *What a pity!*
– **Quel dommage !**

2. **pitié**

place [pleɪs] nom
1. **endroit**
2. **place**

– *You took my place!*
– **Tu as pris ma place !**

Can I change places with you?
Est-ce que je peux changer de place avec vous ?
3. **maison, appartement**
Come to my place tomorrow, Pouf.
Viens chez moi demain, Pouf.
4. **to take place avoir lieu**
The concert took place in Boule's school.
Le concert a eu lieu dans l'école de Boule.

plan [plæn] nom
1. **projet**
Do you have any plans for the future, Boule?
As-tu des projets pour l'avenir, Boule ?
2. En parlant d'une maison : **plan**

plane [pleɪn] nom **avion**
By plane. En avion.

plant [plɑːnt] nom **plante**

plastic [ˈplæstɪk] nom **plastique**
A plastic bag. Un sac en plastique.

plate [pleɪt] nom **assiette**

play [pleɪ]

verbe

1. **jouer**

They are looking for a place to play. Ils cherchent un endroit pour jouer.

To play a part in a film. Jouer un rôle dans un film.

2. **jouer à**

Lionel plays football.
Lionel joue au foot.

3. **jouer de**

He plays the guitar. Il joue de la guitare.

nom **pièce (de théâtre)**

playground [ˈpleɪgraʊnd] nom **cour de récréation**

En américain, on dit "schoolyard" [ˈskuːljaːrd].

playtime [ˈpleɪtaɪm] nom **récréation**

At playtime. Pendant la récréation.

En américain, on dit "recess" [ˈriːses].

pleasant [ˈpleznt] adjectif **agréable**

please [pliːz] adverbe **s'il vous plaît, s'il te plaît**

pleased [pliːzd] adjectif **content, heureux**

I'm pleased Bill found his bone. Je suis content que Bill ait retrouvé son os.

pleasure [ˈpleʒəʳ] nom **plaisir**

plenty [ˈplentɪ] adjectif **beaucoup**

Caroline has plenty of time. Caroline a beaucoup de temps.

plum [plʌm] nom **prune**

pocket [ˈpɒkɪt] nom **poche**

poison [ˈpɔɪzən] nom **poison**

police [pəˈliːs] nom au pluriel **police**

A police car. Une voiture de police.

Attention : avec le mot "police", le verbe est toujours au pluriel.

The police are coming.
La police arrive.

policeman [pəˈliːsmən] nom **agent de police**

Le pluriel de "policeman" est "policemen" [pəˈliːsmən].

polite [pəˈlaɪt] adjectif **poli**

pool [puːl] nom **piscine**

poor [pʊəʳ] adjectif **pauvre**

possible [ˈpɒsəbl] adjectif **possible**

post [pəʊst]

nom

1. **courrier**

– No post today!
– Pas de courrier aujourd'hui !

2. **poste**

By post. Par la poste.

3. **post office** **poste, bureau de poste**

verbe **poster**

Bill posted the letter. Bill a posté la lettre.

En américain, sauf dans l'expression "post office", "post" se dit "mail".

postcard [ˈpəʊstkɑːd] nom
carte postale

postman [ˈpəʊstmən] nom **facteur**
Le pluriel de "postman" est "postmen" [ˈpəʊstmən].
En américain, on dit "mailman".

potato [pəˈteɪtəʊ] nom
pomme de terre
Le pluriel de "potato" est "potatoes" [pəˈteɪtəz].

pound [paʊnd] nom

1. En parlant de la monnaie : **livre (sterling)**

It cost ten pounds. Ça a coûté dix livres.

2. En parlant du poids : **livre**

1 livre anglaise = 454 grammes.

powder [ˈpaʊdəʳ] nom **poudre**

pray [preɪ] verbe **prier**

present [ˈprezənt] nom

1. **cadeau**

– Oh, a present for me!
– Oh, un cadeau pour moi !

2. **the present tense** **le présent (conjugaison)**

press [pres] verbe

1. **appuyer sur**

Press the button.
Appuie sur le bouton.

2. **appuyer**

You have to press harder!
Il faut appuyer plus fort !

pretty [ˈprɪtɪ] adjectif **joli**

price [praɪs] nom **prix**
The price is too high. Le prix est trop élevé.

print [prɪnt] verbe **imprimer**

prize [praɪz] nom **prix**
Boule won the first prize for English.
Boule a reçu le premier prix d'anglais.

probably [ˈprɒbəblɪ] adverbe
probablement

pull [pʊl] verbe

1. **tirer**

To open this door you have to pull.
Pour ouvrir cette porte, il faut tirer.

2. **to pull out** **arracher**

The dentist pulled his tooth out.
Le dentiste lui a arraché la dent.

3. **to pull up** **remonter**

Pull up your socks, Boule!
Remonte tes chaussettes, Boule !

pullover [ˈpʊləʊvəʳ] nom **pull**

punch [pʌntʃ]

nom **coup de poing**

verbe **donner un (des) coup(s) de poing à**

– ***Don't punch Bill.***
– **Ne donne pas de coups de poing à Bill.**

punish [ˈpʌnɪʃ] verbe **punir**

pupil [ˈpjuːpl] nom **élève**

purple [ˈpɜːpl] adjectif **violet**

push [pʊʃ] verbe

1. **pousser**

Someone pushed me and I fell.
Quelqu'un m'a poussé et je suis tombé.

Don't push! Ne poussez pas !

2. **appuyer sur**

Alex pushed the button.
Alex a appuyé sur le bouton.

put [pʊt] verbe **mettre**

Where did you put my bone, Boule?
Où as-tu mis mon os, Boule ?

Le prétérit et le participe passé de "put" sont "put".

Tout dépend de ce qui suit

Put change de sens en fonction de la préposition qui le suit.

- *to put back* → **remettre** (à sa place)
- *to put down* → **poser**
- *to put out* → **éteindre**
- *to put on* a plusieurs sens :

1. Quand on parle de vêtements ou d'accessoires : **mettre**

Put your glasses on.
Mets tes lunettes.

2. Quand on parle d'une radio, du gaz, d'une lumière, d'un appareil : **allumer**

Let's put the TV on.
Allumons la télé.

- *to put up* a plusieurs sens :

1. pour parler d'un tableau : **accrocher**

2. *to put up one's hand.*
Lever la main.

pyjamas [pəˈdʒɑːməz] nom au pluriel **pyjama**

My pyjamas are clean.
Mon pyjama est propre.

Attention : on utilise toujours "pyjamas" au pluriel.

En américain, on écrit "pajamas".

QRqr

quarter [ˈkwɔːtə^{r}] nom **quart**

A quarter of an hour. Un quart d'heure.

It's a quarter past six.
Il est six heures et quart.

En américain, on dit : *It's a quarter after six.*

It's a quarter to five.
Il est cinq heures moins le quart.

En américain, on dit : *It's a quarter of five.*

queen [kwiːn] nom **reine**

question [ˈkwestʃən] nom **question**

– Can I ask you a question, Boule?
– Je peux te poser une question, Boule ?

quick [kwɪk]

adjectif **rapide**

– Be quick, Boule!
– Dépêche-toi, Boule !

adverbe **vite**

quickly [ˈkwɪklɪ] adverbe **vite**

quiet [ˈkwaɪət] adjectif

1. **tranquille**

A quiet corner. Un coin tranquille.

2. **silencieux**

Be quiet! Taisez-vous !

quietly [ˈkwaɪətlɪ] adverbe

1. **silencieusement, sans faire de bruit**
2. **doucement**

Mum is speaking very quietly.
Maman parle très doucement.

quite [kwaɪt] adverbe

1. **assez**

It's quite late. Il est assez tard.

There are quite a lot of people.
Il y a pas mal de gens.

2. **tout à fait**

You're quite right, Pouf!
Tu as tout à fait raison, Pouf !

En américain, "quite" a le plus souvent le sens de "vraiment" : *She's quite beautiful.*
Elle est vraiment belle.

R

rabbit [ˈræbɪt] nom **lapin**

race [reɪs] nom
1. **course**

Who won the race?
Qui a gagné la course ?

2. **race**
The human race. La race humaine.

radio [ˈreɪdɪəʊ] nom **radio**
We heard it on the radio.
Nous l'avons entendu à la radio.

railway [ˈreɪlweɪ] nom
1. **chemin de fer**
2. **voie ferrée**
3. railway station **gare**

En américain, on dit "railroad" [ˈreɪlrəʊd].

rain [reɪn]
nom **pluie**

– Don't go out in the rain.
– Ne sortez pas sous la pluie.

verbe **pleuvoir**
It's raining. Il pleut.

raincoat [ˈreɪnkəʊt] nom
imperméable

ran → run

rang → ring

raspberry [ˈrɑːzbərɪ] nom **framboise**
Le pluriel de "raspberry" est "raspberries" [ˈrɑːzbərɪz].

rather [ˈrɑːðəʳ] adverbe **plutôt**
Come Sunday rather than Saturday.
Venez dimanche plutôt que samedi.

reach [riːtʃ] verbe
1. **atteindre**
Bill can't reach his bone on the top shelf.
Bill ne peut pas atteindre son os sur l'étagère du haut.
2. **arriver à**

– When do we reach New York?
– Quand est-ce qu'on arrive à New York ?

3. to reach out **tendre la main**

read [riːd] verbe **lire**
Dad is reading the newspaper.
Papa lit le journal.
Does Boule like reading?
Est-ce que Boule aime la lecture ?

Le prétérit et le participe passé de "read" sont "read" que l'on prononce [red].

ready ['redɪ] adjectif
1. **prêt**

They're ready to leave now.
Ils sont prêts à partir maintenant.

2. to get ready **se préparer**

real [rɪəl] adjectif
1. **vrai**
2. **véritable**

really ['rɪəlɪ] adverbe **vraiment**

Caroline is really nice.
Caroline est vraiment gentille.

reason ['riːzɔn] nom **raison**

receive [rɪ'siːv] verbe **recevoir**

recognize ['rekəgnaɪz] verbe
reconnaître
En anglais britannique, "recognize" s'écrit aussi "recognise".

record ['rekɔːd] nom **disque**

red [red] adjectif
1. **rouge**
2. **roux**
Does Boule have red hair?
Est-ce que Boule a les cheveux roux ?

refrigerator [ri'fridʒəreitə^{r}] nom
réfrigérateur

refuse [rɪ'fjuːz] verbe **refuser**

They refused to let go of the bone.
Ils ont refusé de lâcher l'os.

remember [rɪ'membə^{r}] verbe
1. **se souvenir de, se rappeler**
I remember seeing Caroline yesterday.
Je me souviens d'avoir vu Caroline hier.
Do you remember? Tu te souviens ?
2. **ne pas oublier**
Remember to bring your books, Boule.
N'oublie pas de prendre tes livres, Boule.

repeat [rɪ'piːt] verbe **répéter**

responsible [rɪˈspɒnsəbl] adjectif
responsable

Attention : en anglais, le mot s'écrit avec un "i" et non un "a".

rest [rest]
nom

1. **repos**
2. **reste**

– *He ate the **rest** of my cake!*
– Il a mangé le reste de mon gâteau !

3. **autres**

I know him but I don't know the rest of them. Lui, je le connais, mais je ne connais pas les autres.

verbe

1. **se reposer**

– *I want to **rest** for a few minutes.*
– Je veux me reposer quelques minutes.

2. **appuyer**

Boule rested his bicycle against the tree.
Boule a appuyé son vélo contre l'arbre.

It's resting against the tree.
Il est appuyé contre l'arbre.

return [rɪˈtɜːn]
nom **retour**

verbe

1. **revenir, retourner**

Dad hasn't returned yet.
Papa n'est pas encore revenu.

Ce verbe se conjugue avec "to have" et non "to be".

2. **rendre**

Boule returned the pen I lent him.
Boule a rendu le stylo que je lui avais prêté.

3. **rapporter**

She returned the CD. Elle a rapporté le CD.

rice [raɪs] nom **riz**

rid [rɪd] adjectif
to get rid of something **se débarrasser de quelque chose**

ride [raɪd]
verbe

1. to ride a bike **faire du vélo**
2. to ride (a horse) **monter à cheval**

*He loves **riding**.*
Il aime monter à cheval.

3. **aller**

Dad rides to work by bus.
Papa va à son travail en bus.

Le prétérit de "ride" est "rode" [rəʊd] ; le participe passé est "ridden" [ˈrɪdn].

nom **promenade, tour**

Boule went for a ride on his bike.
Boule a fait une promenade à vélo.

right [raɪt]

C'EST TOUJOURS BIEN !

- Quand right est adjectif, il se traduit par :

1. **bon, juste, exact**
This isn't the right direction.
Ce n'est pas la bonne direction.
Do you have the right time?
Avez-vous l'heure exacte?
That's right. C'est vrai.

2. **droit, droite**
He has a pen in his right hand.
Il a un stylo dans la main droite.

3. **bien**
It isn't right to tell lies.
Ce n'est pas bien de mentir.

4. *to be right* → **avoir raison**

- Quand right est adverbe, il se traduit par :

1. **à droite**
Turn right at the end of this street.
Tournez à droite au bout de cette rue.

2. **comme il faut, correctement**
She doesn't always do things right.
Elle ne fait pas toujours les choses comme il faut.

3. **tout**
A wall goes right round the house.
Un mur fait tout le tour de la maison.

- Quand right est nom, il se traduit par :

1. *on the right* → **à droite**

2. **droit**
The right to do something.
Le droit de faire quelque chose.

ring [rɪŋ]

nom

1. En parlant d'une chaîne : **anneau**
2. En parlant de ce que l'on porte au doigt : **bague**
Mum is wearing a ring on her finger.
Maman a une bague au doigt.
3. to give someone a ring **passer un coup de fil à quelqu'un**

– I'm going to give him a ring!
– Je vais lui passer un coup de fil !

verbe

1. **appeler, téléphoner (à)**
Gregory will ring you tomorrow.
Grégory t'appellera demain.
En américain, on dit "to call".
2. **sonner**
To ring the doorbell. Sonner à la porte.

The phone's ringing.
Le téléphone sonne.

3. to ring back **rappeler**
En américain, on dit "to call back".
Le prétérit de "ring" est "rang" [ræŋ] ; le participe passé est "rung" [rʌŋ].

river [ˈrɪvəʳ] nom

1. **rivière**
2. **fleuve**

road [rəʊd] nom
1. route
2. rue

roast beef [rəʊst biːf] nom
rôti de bœuf, rosbif

rock [rɒk] nom
1. roche
2. rocher

rode → **ride**

roll [rəʊl] verbe **rouler**
The ball rolled under the table.
La balle a roulé sous la table.

roof [ruːf] nom **toit**

room [ruːm, rʊm] nom
1. pièce
How many rooms are there in the house?
Il y a combien de pièces dans la maison ?
2. chambre
He's in his room. Il est dans sa chambre.
3. salle

They're in the waiting room.
Ils sont dans la salle d'attente.

4. place
There isn't enough room for Caroline.
Il n'y a pas assez de place pour Caroline.

root [ruːt] nom **racine**

rope [rəʊp] nom **corde**

rough [rʌf] adjectif
1. En parlant d'une surface : **rugueux**
2. En parlant d'une route : **accidenté**
3. En parlant de la mer : **agité**
4. En parlant d'une personne : **brutal**

round [raʊnd]
adjectif **rond**
A round table. Une table ronde.
préposition et adverbe
1. autour de, autour
Dad put a fence round the garden.
Papa a mis une clôture autour du jardin.
There's a fence all the way round.
Il y a une clôture tout autour.
2. Se traduit par une expression :

They went round the museum.
Ils ont fait le tour du musée.

Dad turned round. Papa s'est retourné.
3. round about en parlant d'un prix, d'un poids ou de l'heure : **environ**
It costs round about six euros.
Ça coûte environ six euros.
Round about nine o'clock.
Environ neuf heures.
En américain, on dit "around".

rub [rʌb] verbe
1. **frotter**
2. to rub out **effacer, gommer**

rubber [ˈrʌbəʳ] nom
1. **caoutchouc**
2. **gomme**
En américain, on dit "eraser" [ɪˈreɪsəʳ].

rude [ruːd] adjectif **impoli**

rugby [ˈrʌgbɪ] nom **rugby**
They are playing rugby.
Ils jouent au rugby.

rule [ruːl] nom **règle**
The rules of the game. Les règles du jeu.
It's against the rules.
C'est contraire au règlement.

ruler [ˈruːləʳ] nom **règle**
Use a ruler to draw the line.
Utilise une règle pour tirer le trait.

run [rʌn] verbe
1. **courir**
Bill is running after a cat.
Bill court après un chat.
2. Se traduit souvent avec un autre verbe et le participe présent :
She ran down the stairs.
Elle a descendu l'escalier en courant.
3. En parlant du nez ou du robinet : **couler**
4. En parlant d'accompagner quelqu'un en voiture : **conduire**
Dad will run you to school.
Papa te conduira à l'école.
5. to run away **se sauver, s'enfuir**
6. to run over **écraser, renverser**
The cat nearly got run over.
Le chat a failli se faire écraser.
Le prétérit de "run" est "ran" [ræn] ; le participe passé est "run".

rung → ring

rush [rʌʃ] verbe
1. **se dépêcher**
2. **se précipiter**

Boule and Bill ran across the road.
Boule et Bill ont traversé la rue en courant.

S s

sad [sæd] adjectif **triste**

Regarde page ci-contre.

safe [seɪf] adjectif

1. **sans danger, sûr**

It's safe to play in the garden.
Jouer dans le jardin est sans danger.

Boule's bike isn't safe.
Le vélo de Boule est dangereux.

2. **en sécurité, hors de danger**

Caroline feels safe in her shell.
Caroline se sent en sécurité dans sa carapace.

3. **sain et sauf**

Dad came home safe.
Papa est rentré sain et sauf.

said → say

salad ['sæləd] nom **salade**

sale [seɪl] nom

1. **soldes**
2. for sale **à vendre**

salt [sɔːlt, sɒlt] nom **sel**

same [seɪm]

adjectif **même**

They are all talking at the same time.
Ils parlent tous en même temps.

pronom

1. **le même, la même, les mêmes**

I like your hat. I have the same as you.
J'aime ton chapeau. J'ai le même que toi.

Dogs and mistresses look the same.
Les chiens et leur maîtresse sont pareils.

2. **la même chose**

I'll have the same as Jojo.
Je prendrai la même chose que Jojo.

sand [sænd] nom **sable**

sang → sing

sat → sit

Saturday ['sætədɪ] nom **samedi**

Come on Saturday. Viens samedi.

Attention : les noms de jours prennent toujours une majuscule.

How are you?

Voici ce que répond Bill quand on lui demande comment il va :

– Je vais bien.

– Je vais très bien.

– Je suis heureux.

– Je ne vais pas bien.

– Je suis triste.

– Je me sens très mal.

– J'ai peur !

– Je suis effrayé !

– Je suis en colère !

S

saucepan ['sɔːspən] nom **casserole**

saucer ['sɔːsəʳ] nom **soucoupe**

sausage ['sɒsɪdʒ] nom
1. **saucisse**

Bill loves sausages.
Bill adore les saucisses.

2. **saucisson**

save [seɪv] verbe
1. **sauver**
You saved my life! Tu m'as sauvé la vie !
2. **mettre de côté, économiser**
Boule has saved a hundred euros. Boule a mis cent euros de côté.
To save time. Gagner du temps.
3. **sauvegarder**
Save your homework onto a disk. Sauvegarde tes devoirs sur une disquette.

saw → **see**

say [seɪ] verbe **dire**
Caroline is saying something to Bill. Caroline dit quelque chose à Bill.
Le prétérit et le participe passé de "say" sont "said" [sed].

scarf [skɑːf] nom
1. **écharpe**
2. **foulard**
Le pluriel de "scarf" est "scarves" [skɑːvz].

school [skuːl] nom **école**
Are you going to school? Tu vas à l'école ?
Regarde page ci-contre.

schoolbag ['skuːlbæg] nom **cartable**

scissors ['sɪzəz] nom au pluriel **ciseaux**

sea [siː] nom **mer**

seal [siːl] nom **phoque**

search [sɜːtʃ] verbe
1. **chercher**
Bill was searching for Caroline. Bill cherchait Caroline.
2. **fouiller (dans)**

Mummy's searching all the drawers.
Maman fouille dans tous les tiroirs.

scared [skeəd] adjectif **effrayé**

Apart from Pouf and Boule, everybody is scared.
À part Pouf et Boule, tout le monde est effrayé.

At school

Boule est à l'école… et on dirait que Bill l'a accompagné !

seaside [ˈsiːsaɪd] nom bord de la mer

Boule and Bill love going to the seaside.
Boule et Bill adorent aller au bord de la mer.

season [ˈsiːzn] nom saison

seat [siːt] nom

1. place

This is my seat! C'est ma place !

2. Dans un bus, une voiture ou un train : siège

Mum is on the front seat of the car.
Maman est sur le siège avant de la voiture.

second [ˈsekənd]

adjectif et adverbe deuxième, second

This is the second time I'm telling you!
C'est la deuxième fois que je te le dis !

nom

En parlant du temps : seconde

Wait a second! Attends une seconde !

see [siː] verbe

1. voir

I can see my bone at the foot of the tree.
Je vois mon os au pied de l'arbre.

2. Dans les salutations :

See you later! À plus tard !

See you soon! À bientôt !

Le prétérit de "see" est "saw" [sɔː] ; le participe passé est "seen" [siːn].

seem [siːm] verbe

1. sembler

Caroline seems to be having trouble.
Caroline semble avoir un problème.

2. avoir l'air

Dad seems very happy.
Papa a l'air très heureux.

seen → see

sell [sel] verbe vendre

Le prétérit et le participe passé de "sell" sont "sold" [səʊld].

– I'll sell it to you for twenty euros.
– Je te le vends pour vingt euros.

send [send] verbe envoyer

Mum sent Boule to get some bread.
Maman a envoyé Boule chercher du pain.

Le prétérit et le participe passé de "send" sont "sent" [sent].

sentence [ˈsentəns] nom phrase

September [sepˈtembəʳ] nom
septembre
In September, we go back to school. En septembre, c'est la rentrée des classes.
Attention : les noms de mois prennent toujours une majuscule.

serious [ˈsɪərɪəs] adjectif
1. **grave**
A serious illness. Une maladie grave.
2. **sérieux**

Dad looks so serious!
Papa a l'air si sérieux !

several [ˈsevrəl] adjectif **plusieurs**

shade [ʃeɪd] nom **ombre**
Mum is sitting in the shade.
Maman est assise à l'ombre.

shadow [ˈʃædəʊ] nom **ombre**

Bill is playing with his shadow.
Bill joue avec son ombre.

shake [ʃeɪk] verbe
1. **secouer**
Boule is shaking the tree to make the apples fall. Boule secoue l'arbre pour faire tomber les pommes.
2. **agiter**
Shake the bottle. Agite la bouteille.
3. **trembler**
He's shaking with fear. Il tremble de peur.
4. **to shake hands with somebody**
serrer la main à quelqu'un
Le prétérit de "shake" est "shook" [ʃʊk] **; le participe passé est "shaken"** [ˈʃeɪkən].

shall [ʃəl, ʃæl]

Vous avez dit modal ?

Shall s'utilise comme un verbe, mais il n'a pas d'infinitif et ne se conjugue pas : c'est un **auxiliaire modal**.
On l'emploie avec la première personne du singulier et du pluriel pour :

1. Suggérer quelque chose :
Shall we go for a walk?
Faisons une petite promenade.
Shall we a le même sens que let's :
Let's go for a walk.
Faisons une petite promenade.

2. Parler du futur :
I shall do it later.
Je le ferai plus tard.

shame [ʃeɪm] nom
1. **honte**
2. **What a shame! Quel dommage !**

shape [ʃeɪp] nom **forme**
I like the shape of your hat.
J'aime bien la forme de ton chapeau.

share [ʃeəʳ] verbe **partager**

Bill shares his kennel with birds.
Bill partage sa niche avec des oiseaux.

shave [ʃeɪv]

verbe **se raser**

Dad's shaving. Papa se rase.

nom **to have a shave** **se raser**

she [ʃiː] pronom

1. elle

– Where's Caroline? – She's here.
– Où est Caroline ? – Elle est ici.

She's a teacher. Elle est professeur.

2. Dans certains cas, se traduit par : **ce**

She's a clever girl.
C'est une fille intelligente.

sheep [ʃiːp] nom **mouton**

Le pluriel de "sheep" est "sheep" :
lots of sheep, beaucoup de moutons.

sheet [ʃiːt] nom

1. drap

2. feuille

A sheet of paper. Une feuille de papier.

shelter [ˈʃeltəʳ] nom **abri**

Take shelter. Mets-toi à l'abri.

shine [ʃaɪn] verbe **briller**

The sun was shining. Le soleil brillait.

Le prétérit et le participe passé de "shine" sont "shone" [ʃɒn].

ship [ʃɪp] nom **bateau, navire**

Bill isn't dreaming of ships.
Bill ne rêve pas de bateaux.

shirt [ʃɜːt] nom **chemise**

shoe [ʃuː] nom **chaussure**

shone → shine

shook → shake

shell [ʃel] nom

1. coquille

An egg shell. Une coquille d'œuf.

2. carapace

– You've never seen me without my shell?
– Vous ne m'avez jamais vue sans ma carapace ?

shop [ʃɒp] nom **boutique, magasin**

Se traduit souvent sans le mot "magasin": ***the baker's shop,*** la boulangerie; ***to go to the butcher's shop,*** aller chez le boucher.

shopping [ˈʃɒpɪŋ] nom **courses**

To go shopping. Faire les courses.

Attention: "shopping" s'emploie toujours au singulier.

short [ʃɔːt] adjectif

1. **court**

Caroline's legs are short.
Les pattes de Caroline sont courtes.

2. En parlant de la taille de quelqu'un: **petit**

That man is very short.
Ce monsieur est très petit.

3. to be short of something **manquer de quelque chose**

shorts [ʃɔːts] nom au pluriel **short**

My shorts are green.
Mon short est vert.

Attention: "shorts" s'emploie toujours au pluriel.

should [ʃʊd]

VOUS AVEZ DIT MODAL ?

Should s'utilise comme un verbe, mais il n'a pas d'infinitif et ne se conjugue pas: c'est un **auxiliaire modal**.
On l'emploie pour exprimer l'obligation, un conseil ou une probabilité: **devoir**

You should ask him to help you.
Tu devrais lui demander de t'aider.

He should be coming home tomorrow.
Il devrait rentrer demain.

shoulder [ˈʃəʊldəʳ] nom **épaule**

shout [ʃaʊt]

verbe **crier**

– Stop shouting, Boule!
– Arrête de crier, Boule !

nom **cri**

show [ʃəʊ]

verbe

1. **montrer**

Show me how to do that, Bill.
Montre-moi comment faire cela, Bill.

Le prétérit de "show" est "showed" [ʃəʊd]; le participe passé est soit "shown" [ʃəʊn] soit "showed".

2. **indiquer**

– Look, he's showing us the way!
– Regarde, il nous indique le chemin !

nom

1. En parlant du théâtre: **spectacle**
2. En parlant de la télévision: **émission**

shower ['ʃaʊəʳ] nom
1. douche
To have a shower. Prendre une douche.
2. averse
I was caught in a shower.
J'ai été surpris par une averse.

shown → **show**

shut [ʃʌt] verbe **fermer**

The door was shut.
La porte était fermée.

This drawer doesn't shut.
Ce tiroir ne ferme pas.
Le prétérit et le participe passé de "shut" sont "shut".

shy [ʃaɪ] adjectif **timide**

sick [sɪk] adjectif
1. malade
2. **to be sick** vomir

side [saɪd] nom **côté**
Pouf lives on the other side of the road.
Pouf habite de l'autre côté de la rue.

sign [saɪn] nom
1. signe
That's a good sign. C'est bon signe.
2. Sur une route : **panneau**

silence ['saɪləns] nom **silence**

silent ['saɪlənt] adjectif **silencieux**

silly ['sɪlɪ] adjectif **bête, stupide**

silver ['sɪlvəʳ] nom **argent**
A silver spoon. Une cuillère en argent.

simple ['sɪmpl] adjectif **simple**

since [sɪns]
préposition **depuis**

They haven't seen Bill since yesterday.
Ils n'ont pas vu Bill depuis hier.

Mum has been waiting since this morning.
Maman attend depuis ce matin.
Attention : pour parler d'une action qui continue, on emploie "have been" avec un verbe en "-ing".
conjonction **comme, puisque, car**
I'm not going out since I don't feel well.
Je ne sors pas car je ne me sens pas bien.

sing [sɪŋ] verbe **chanter**
Le prétérit de "sing" est "sang" [sæŋ] ; le participe passé est "sung" [sʌŋ].

He's singing.
Il chante.

sink [sɪŋk] nom

1. Dans une cuisine : **évier**

This ***sink*** *needs to be fixed.*
Cet évier a besoin d'être réparé.

2. Dans une salle de bains : **lavabo**

sir [sɜːʳ] nom monsieur

Yes, sir. Oui, monsieur.

sister [ˈsɪstəʳ] nom sœur

sit, sit down [sɪt, sɪt daʊn] verbe

s'asseoir

Sit next to me, Bill.
Assieds-toi à côté de moi, Bill.

Bill was sitting next to dad.
Bill était assis à côté de papa.

– Please ***sit down.***
– Asseyez-vous, je vous en prie.

Le prétérit et le participe passé de "sit" sont "sat" [sæt].

size [saɪz] nom taille

These two bones are the same size.
Ces deux os sont de la même taille.

skate [skeɪt]

- nom **patin à glace, à roulettes**
- verbe **patiner**

Bill wanted to ***skate*** *too.*
Bill voulait patiner aussi.

skin [skɪn] nom peau

skirt [skɜːt] nom jupe

sky [skaɪ] nom ciel

Le pluriel de "sky" est "skies" [skaɪz].

sleep [sliːp]

- verbe **dormir**

Caroline was sleeping. Caroline dormait.

Le prétérit et le participe passé de "sleep" sont "slept" [slept].

- nom

1. **sommeil**

2. to go to sleep **s'endormir**

sleeve [sliːv] nom manche

The sleeves of your jacket are too short.
Les manches de ta veste sont trop courtes.

slept → sleep

slice [slaɪs] nom **tranche**
A slice of bread. Une tranche de pain.

slight [slaɪt] adjectif **petit, léger**
Bill has a slight problem.
Bill a un petit problème.

slightly ['slaɪtlɪ] adverbe
un peu, légèrement

slow [sləʊ] adjectif **lent**
The school bus is very slow.
Le bus scolaire est très lent.

slowly ['sləʊlɪ] adverbe **lentement**
Caroline walks very slowly.
Caroline marche très lentement.

small [smɔːl] adjectif **petit**
These shoes are too small.
Ces chaussures sont trop petites.

smell [smel]
- verbe **sentir**

Bill can smell something.
Bill sent quelque chose.

This coffee smells good. Ce café sent bon.
- nom **odeur**

Le prétérit et le participe passé de "smell" peuvent être soit réguliers : "smelled", soit irréguliers : "smelt" [smelt].

smile [smaɪl]
- verbe **sourire**
- nom **sourire**

smoke [sməʊk]
- nom **fumée**
- verbe **fumer**

snail [sneɪl] nom **escargot**

The snails look happy.
Les escargots ont l'air heureux.

snake [sneɪk] nom **serpent**

sneeze [sniːz] verbe **éternuer**

What a pity he sneezed!
Quel dommage qu'il ait éternué !

snow [snəʊ]
- nom **neige**
- verbe **neiger**

It's snowing. Il neige.

so [səʊ]

adverbe

1. si, tellement

– *Don't run so fast, Bill!*
– Ne cours pas si vite, Bill !

2. aussi

Boule is tired, and so am I.
Boule est fatigué et moi aussi.

3. Pour reprendre ce que quelqu'un a dit :

I think so. Je pense que oui.

I hope so. J'espère bien.

4. so that **pour, pour que**

Boule was running so that he wouldn't be late for school. Boule courait pour ne pas arriver en retard à l'école.

conjonction

1. alors, donc

He took the ball so he can't play.
Il a pris le ballon, il ne peut donc pas jouer.

2. so much, so many **tellement (de), tant (de)**

Bill has so many bones!
Bill a tellement d'os !

It snowed so much he couldn't go out.
Il a tellement neigé qu'il n'a pas pu sortir.

On emploie "so much" quand on parle d'une quantité de choses que l'on ne peut pas compter et "so many" quand on parle d'une quantité de choses que l'on peut compter.

soap [səʊp] nom **savon**

sock [sɒk] nom **chaussette**

soft [sɒft] adjectif

1. En parlant du beurre, du sol : **mou**

2. En parlant de la peau, des mains, d'un tissu : **doux**

sold → sell

some [sʌm]

adjectif

1. En parlant d'une quantité : **du, de la, de l'**

The cat is eating some fish.
Le chat mange du poisson.

2. En parlant de plusieurs choses ou personnes : **des, quelques**

Caroline has some friends.
Caroline a des amies.

3. certains

Some people think it's true.
Certaines personnes pensent que c'est vrai.

4. un peu de, un certain

I have some time left.
Il me reste un peu de temps.

pronom

1. en

– *Do you want some?*
– Tu en veux ?

2. quelques-uns, certains

He put some of his bones on the table.
Il a mis certains de ses os sur la table.

somebody, someone

['sʌmbədɪ, 'sʌmwʌn] pronom **quelqu'un**

He's somebody/someone clever.
C'est quelqu'un d'intelligent.

Lorsque "somebody" et "someone" sont suivis d'un adjectif, on n'emploie pas de préposition en anglais.

something

['sʌmθɪŋ] pronom
quelque chose

It's something useful.
C'est quelque chose d'utile.

Lorsque "something" est suivi d'un adjectif, on n'emploie pas de préposition en anglais.

sometimes

['sʌmtaɪmz] adverbe
quelquefois, parfois

They sometimes go fishing.
Ils vont quelquefois à la pêche.

somewhere

['sʌmweəʳ] adverbe
quelque part

He is somewhere in the garden.
Il est quelque part dans le jardin.

son

[sʌn] nom **fils**

Boule's dad has a son but he has no daughter. Le papa de Boule a un fils mais il n'a pas de fille.

song

[ʃɒŋ] nom **chanson**

They don't like his song! Ils n'aiment pas sa chanson !

soon

[suːn] adverbe

1. **bientôt**

See you soon! À bientôt !

2. **tôt**

She arrived too soon.
Elle est arrivée trop tôt.

3. as soon as **aussitôt que, dès que**

As soon as he came home, he switched the TV on. Aussitôt qu'il est rentré, il a allumé la télé.

sorry

['sɒrɪ]

adjectif **désolé**

I'm sorry, I forgot!
Je suis désolé, j'ai oublié !

exclamation **pardon !**

– You hurt me. – Sorry!
– Tu m'as fait mal. – Pardon !

sort

[sɔːt] nom **sorte**

It's a sort of insect.
C'est une sorte d'insecte.

All sorts of flowers. Toutes sortes de fleurs.

sound

[saʊnd]

nom

1. **son**
2. **bruit**

verbe **avoir l'air, sembler**

That sounds dangerous.
Ça a l'air dangereux.

soup

[suːp] nom **soupe**

space [speɪs] nom

1. **espace**

Leave a space for your name.
Laissez un espace pour votre nom.

This is the beginning of a journey into space.
C'est le début d'un voyage dans l'espace.

2. **place**

There isn't enough space for my bike.
Il n'y a pas assez de place pour mon vélo.

speak [spiːk] verbe

1. **parler**

Do you speak English?
Vous parlez anglais ?

– Someone wants to speak to you.
– Quelqu'un veut te parler.

2. **to speak up** **parler plus fort**

Le prétérit de "speak" est "spoke" [spəʊk] ; le participe passé est "spoken" [ˈspəʊkən].

speed [spiːd] nom **vitesse**

spell [spel] verbe

1. **écrire**

How do you spell it?
Comment est-ce que ça s'écrit ?

Boule is learning to spell.
Boule apprend l'orthographe.

2. **épeler**

Spell your name. Épelle ton nom.

Le prétérit et le participe passé de "spell" peuvent être soit réguliers : "spelled", soit irréguliers : "spelt" [spelt].

spend [spend] verbe

1. **dépenser**

How much did Boule spend?
Combien a dépensé Boule ?

2. **passer**

They spent a week in the country.
Ils ont passé une semaine à la campagne.

Le prétérit et le participe passé de "spend" sont "spent" [spent].

spider [ˈspaɪdəʳ] nom **araignée**

spill [spɪl] verbe

1. **renverser**

Bill spilled the milk. Bill a renversé le lait.

2. **se répandre**

The water spilled on the carpet.
L'eau s'est répandue sur le tapis.

Le prétérit et le participe passé de "spill" peuvent être soit réguliers : "spilled", soit irréguliers : "spilt" [spɪlt].

spoke, spoken → speak

sponge [spʌndʒ] nom **éponge**

spoon [spuːn] nom **cuillère**

S

sport [spɔːt] nom **sport**

Boule plays a lot of sport in school.
Boule fait beaucoup de sport à l'école.

Attention : en américain, on dit "sports" au pluriel lorsqu'on parle du sport en général : ***He plays a lot of sports.*** Il fait beaucoup de sport.

Regarde pages 142-143.

spot [spɒt] nom

1. **tache**

An ink spot. Une tache d'encre.

2. **endroit**

A nice spot to sit down.
Un endroit agréable où l'on peut s'asseoir.

3. **bouton**

En américain, on dit "pimple" ['pɪmpəl].

Dogs give her spots.
Les chiens lui donnent des boutons.

spread [spred] verbe

1. **étaler**

Mum is spreading butter on the bread.
Maman étale du beurre sur le pain.

2. En parlant d'une nouvelle : **répandre, se répandre**
3. En parlant d'un incendie : **se propager**

Le prétérit et le participe passé de "spread" sont "spread".

spring [sprɪŋ] nom

1. **printemps**
2. En parlant de l'eau qui sort de la terre : **source**

square [skweə^r] nom

1. En géométrie : **carré**
2. Dans une ville : **place**

squirrel ['skwɪrəl] nom **écureuil**

stairs [steərz] nom au pluriel **escalier**

Attention : "stairs" s'emploie toujours au pluriel.

These stairs are dangerous.
Cet escalier est dangereux.

stamp [stæmp] nom

Sur une enveloppe : **timbre**

stand [stænd] verbe

1. **être debout, se tenir debout**

He's standing next to me.
Il est debout à côté de moi.

2. **se lever**

The teacher told us to stand.
Le professeur nous a dit de nous lever.

On dit "to stand up" aussi dans ce sens.

Le prétérit et le participe passé de "stand" sont "stood" [stʊd].

– Stand up!
– Levez-vous !

star [stɑːʳ] nom **étoile**

start [stɑːt] verbe

1. **commencer**

He started to eat.
Il a commencé à manger.

2. **démarrer, faire démarrer**

The car won't start.
La voiture ne démarre pas.

*Dad can't **start** the car.*
Papa ne peut pas faire démarrer la voiture.

station [ˈsteɪʃn] nom

1. **gare**
2. **station**

An underground station.
Une station de métro.

3. a police station **un commissariat (de police)**

*They took him to the **police station**.*
Ils l'ont emmené au commissariat.

stay [steɪ] verbe

1. **rester**

How long did you stay in London?
Combien de temps es-tu resté à Londres ?

Ce verbe se conjugue avec "to have" et non "to be".

2. **loger**

To stay in a hotel. Loger à l'hôtel.

3. to stay away **ne pas s'approcher**
4. to stay in **rester chez soi**
5. to stay up **ne pas se coucher**

steal [stiːl] verbe **voler**

To steal something from someone.
Voler quelque chose à quelqu'un.

Le prétérit de "steal" est "stole" [stəʊl] ; le participe passé est "stolen" [ˈstəʊlən].

step [step] nom

1. **pas**

She walked a few steps then stopped.
Elle a fait quelques pas puis s'est arrêtée.

2. **marche**

Be careful of the step!
Attention à la marche !

stick [stɪk]

nom

1. **bâton**
2. **canne**

verbe

1. **coller**

Stick the stamp on the envelope.
Colle le timbre sur l'enveloppe.

2. **planter**

Boule stuck the fork into the potato.
Boule a planté la fourchette dans la pomme de terre.

Le prétérit et le participe passé de "stick" sont "stuck" [stʌk].

Sports

Que de sportifs ! Découvre le nom des sports qu'ils pratiquent…

They're playing football.
Ils jouent au foot.
En américain, on dit "soccer".

He's playing tennis.
Il joue au tennis.

He's playing golf.
Il joue au golf.

They're playing table tennis.
Ils jouent au tennis de table (ou ping-pong).

Et ils aiment aussi…

He loves cycling.
Il aime faire du vélo.

He loves riding.
Il aime monter à cheval.

They love skiing.
Ils aiment skier.

They love swimming.
Ils aiment nager.

still [stɪl] adverbe **encore**
Caroline is still asleep. Caroline dort encore.

stole, stolen → steal

stone [stəʊn] nom **pierre**

stood → stand

stop [stɒp]
verbe
1. **arrêter**
Bill hasn't stopped eating yet! Bill n'a toujours pas arrêté de manger !
2. **s'arrêter**
The bus stops in front of our house. Le bus s'arrête devant notre maison.
nom **arrêt**
A bus stop. Un arrêt de bus.

store [stɔːʳ] nom
1. **magasin**
2. **grand magasin**

storm [stɔːm] nom **tempête, orage**

story [ˈstɔːrɪ] nom **histoire**
Le pluriel de "story" est "stories" [ˈstɔːrɪz].

– *Please tell us a story.*
– S'il te plaît, raconte-nous une histoire.

straight [streɪt]
adjectif
1. **droit**
A straight line. Une ligne droite.
2. **raide**

– *Don't you like my straight hair?*
– Tu n'aimes pas mes cheveux raides ?

adverbe
1. **directement, tout de suite**
Boule came straight home. Boule est rentré directement chez lui.
2. **tout droit**
Walk straight ahead. Marchez tout droit.

strange [streɪndʒ] adjectif
1. **étrange**
2. **inconnu**

strawberry [ˈstrɔːbərɪ] nom **fraise**
Le pluriel de "strawberry" est "strawberries" [ˈstrɔːbərɪz].

street [striːt] nom **rue**

Bill is running down the street.
Bill descend la rue en courant.

strong [strɒŋ] adjectif **fort**

Boule is strong for his age.
Boule est fort pour son âge.

stuck → stick

student [ˈstjuːdnt] nom

1. **étudiant, étudiante**
2. **élève**

study [ˈstʌdɪ] verbe **faire des études de**

Boule is studying English.
Boule fait des études d'anglais.
La troisième personne du singulier de "study" est "studies" [ˈstʌdɪz] ; le prétérit et le participe passé sont "studied" [ˈstʌdɪd].

stupid [ˈstjuːpɪd] adjectif **stupide**

such [sʌtʃ] adjectif et adverbe

1. **tel**

It was such a problem!
Ça a été un tel problème !
Friends such as him. Des amis tels que lui.

2. **tellement**

Boule has such a lot of friends.
Boule a tellement d'amis.

3. **vraiment, si**

Bill is such a clever dog. Bill est un chien vraiment intelligent.

*– I've never seen **such** a big dog!*
– Je n'ai jamais vu un si gros chien !

sudden [ˈsʌdən] adjectif

1. **soudain**
2. all of a sudden **tout à coup**

suddenly [ˈsʌdnlɪ] adverbe
tout à coup

sugar [ˈʃʊgəʳ] nom **sucre**

suit [suːt] nom

1. Pour un homme : **costume**
2. Pour une femme : **tailleur**

summer [ˈsʌməʳ] nom **été**

It's too hot in summer.
Il fait trop chaud en été.

sun [sʌn] nom

1. **soleil**

*– Get out of the **sun**, Bill.*
– Ne reste pas au soleil, Bill.

2. sunglasses **lunettes de soleil**

Sunday [ˈsʌndɪ] nom **dimanche**

I will play football on Sunday.
Je jouerai au foot dimanche.
Attention : les noms de jours prennent toujours une majuscule.

sung → sing

supermarket ['su:pəma:kɪt] nom
supermarché

sure [ʃʊə']
adjectif sûr
exclamation Bien sûr !

swallow ['swɒləʊ] verbe avaler

swam → **swim**

sweater ['swetə'] nom pull

sweet [swi:t]
nom bonbon
He is fond of sweets. Il aime les bonbons.
En américain, on dit "candy" ; le pluriel est "candies".
adjectif
1. sucré
2. gentil

swim [swɪm]
verbe nager
nom to go for a swim aller se baigner
Le prétérit de "swim" est "swam" [swæm] ; le participe passé est "swum" [swʌm].

swimming ['swɪmɪŋ] nom
1. natation
To go swimming.
Aller se baigner, aller à la piscine.

– Let's go swimming.
– Allons à la piscine.

2. swimming pool piscine

switch [swɪtʃ]
nom
1. Sur un appareil : bouton
2. Pour allumer : interrupteur
verbe
1. changer de
Let's switch places. Changeons de place.
2. to switch off pour parler du gaz, d'une radio, d'une lumière : éteindre
Switch the TV off. Éteins la télé.
3. to switch on pour parler du gaz, d'une radio, d'une lumière : allumer
Switch the TV on. Allume la télé.

swum → **swim**

T

table [ˈteɪbl] nom **table**

tail [teɪl] nom **queue**

This dog has a long tail.
Ce chien a une longue queue.

take [teɪk] verbe

1. **prendre**

I'll take this bone, said Bill.
Je prendrai cet os-ci, a dit Bill.

2. **apporter**

Take this pen to your teacher.
Apporte ce stylo à ton professeur.

3. **emmener, amener**

Mum's taking Bill for a walk.
Maman emmène Bill se promener.

Le prétérit de "take" est "took" [tʊk] ; le participe passé est "taken" [ˈteɪkn].

ENCORE D'AUTRES SENS...

Take change de sens en fonction de la préposition qui le suit :

- *to take away* → **enlever, emporter, emmener**
- *to take back* → **reprendre, rapporter**
- *to take off* → **enlever, décoller** (pour un avion)
- *to take out* → **faire sortir, sortir**

talk [tɔːk]

verbe **parler**

Boule is talking to the teacher.
Boule est en train de parler au professeur.

nom **conversation**

To have a talk with someone.
Avoir une conversation avec quelqu'un.

tall [tɔːl] adjectif

1. **grand**

This man is very tall.
Cet homme est très grand.

– How tall are you? – I'm 1.8 m tall.
– Combien mesurez-vous ?
– Je mesure 1,80 m.

2. En parlant d'un immeuble : **haut**

tap [tæp] nom **robinet**

En américain, on dit "faucet" [ˈfɔːsɪt].

tape [teɪp] nom

nom

1. **cassette (audio ou vidéo)**

A tape recorder. Un magnétophone.

2. **ruban adhésif**

verbe

1. **enregistrer**
2. **scotcher**

taste [teɪst]
nom **goût**

verbe

1. **goûter**

Bill wants to taste that bone. Bill veut goûter cet os.

2. to taste like something **avoir le goût de quelque chose**

taught → teach

tea [tiː] nom
1. **thé**

Boule loves tea. **Boule adore le thé.**

2. **goûter**

Tea is at five. Le goûter est à cinq heures.

teach [tiːtʃ] verbe
1. **apprendre (à quelqu'un)**

Dad is teaching Boule to speak English. Papa apprend à Boule à parler anglais.

2. **enseigner**

Mrs Dupont teaches French. Mme Dupont enseigne le français.

Le prétérit et le participe passé de "teach" sont "taught" [tɔːt].

teacher [ˈtiːtʃəʳ] nom
1. **professeur**

2. Dans une école primaire : **instituteur, institutrice**

team [tiːm] nom **équipe**
A football team. Une équipe de football.

teapot [ˈtiːpɒt] nom **théière**

tear [teəʳ] verbe **déchirer**
Le prétérit de "tear" est "tore" [tɔːʳ] ; le participe passé est "torn" [tɔːn].

Bill tore the trousers. **Bill a déchiré le pantalon.**

tear [tɪəʳ] nom **larme**

Caroline has tears in her eyes. **Caroline a les larmes aux yeux.**

teaspoon [ˈtiːspuːn] nom
petite cuillère

teeth → tooth

telephone → phone

television [ˈtelɪˌvɪʒn] nom **télévision**

Bill is on television.
Bill passe à la télévision.

tell [tel] verbe

1. **dire**

Tell mum who you saw.
Dis à maman qui tu as vu.

Bill told him not to eat his bone.
Bill lui a dit de ne pas manger son os.

2. **parler**

Boule told me about his friends.
Boule m'a parlé de ses amis.

3. En parlant d'une histoire ou d'une blague : **raconter**

4. to tell off **gronder**

Le prétérit et le participe passé de "tell" sont "told" [təʊld].

He's going to be told off!
Il va se faire gronder !

tennis [ˈtenɪs] nom

1. **tennis**

Let's play tennis. Allons jouer au tennis.

2. table tennis **tennis de table, ping-pong**

terrible [ˈterəbl] adjectif **affreux, atroce**

test [test]

verbe

1. En parlant d'une machine, d'un outil, d'un produit : **essayer, tester**

2. En parlant d'un élève : **interroger**

nom

1. **test**

2. À l'école : **interrogation, examen**

than [ðən, ðæn] conjonction

1. **que**

Caroline is older than Bill.
Caroline est plus âgée que Bill.

2. En parlant d'une quantité : **de**

Bill has more than twenty bones!
Bill a plus de vingt os !

thank [θæŋk] verbe **remercier**

Thank you! Merci !

thanks [θæŋks] exclamation **merci**

Thanks for helping me!
Merci de m'avoir aidé !

that [ðæt, ðət]

THAT OU THIS ?

That et this [ðɪs] servent à désigner quelqu'un ou quelque chose. This désigne ce qui est proche de celui qui parle, that ce qui est éloigné de celui qui parle.

Le pluriel de that est those [ðəuz]. Le pluriel de this est these [ði:z].

- Quand ils sont adjectifs, ils se traduisent par : **ce, cet, cette, ces**

That dog. This dog. ➜ *Ce chien.*

That man. This man. ➜ *Cet homme.*

That car. This car. ➜ *Cette voiture.*

Those computers. ➜ *Ces ordinateurs.*

These houses. ➜ *Ces maisons.*

- Quand ils sont pronoms, ils se traduisent par :

1. **ce**

That's my dog. This is my dog.
➜ *C'est mon chien.*

Who's that? Who's this? ➜ *Qui est-ce?*

Those are my friends. These are my friends. ➜ *Ce sont mes amis.*

2. **ça, cela** ➜ that ; **ceci** ➜ this

What's that? ➜ *Qu'est-ce que c'est que ça?*

Whose is this? ➜ *À qui appartient ceci?*

3. **celui-là, celle-là** ➜ that

celui-ci, celle-ci ➜ this

ceux-là, celles-là ➜ those

ceux-ci, celles-ci ➜ these

Which do you like best, these or those?
Lesquels préfères-tu, ceux-ci ou ceux-là?

Which do you like best, this or that?
Lequel préférez-vous, celui-ci ou celui-là?

Dans ce sens, on utilise that one/this one aussi bien que that/this : *Which do you like best, this one or that one?*

Seul that peut être pronom relatif ou conjonction.

- Quand il est pronom, il se traduit par :

1. **qui**, lorsqu'il s'agit du sujet du verbe :

Where's the letter that came yesterday?
Où est la lettre qui est arrivée hier?

2. **que**, lorsqu'il s'agit de l'objet du verbe :

Here's the hat that she bought.
Voici le chapeau qu'elle a acheté.

3. **lequel, laquelle**, lorsqu'on utilise une préposition :

Here is the chair that Boule was sitting on. ➜ *Voici la chaise sur laquelle Boule était assis.*

- Quand il est conjonction, il se traduit par : **que**

I think that Caroline is tired.
Je pense que Caroline est fatiguée.

Dans les trois derniers cas, that peut être omis :

Here's the hat she bought.
Here is the chair Boule was sitting on.
I think Caroline is tired.

the [ðə, ðɪ, ðiː] article défini le, la, l', les

Bill put the bones in the hole.
Bill a mis les os dans le trou.

The end of the story. La fin de l'histoire.

theatre [ˈθɪətəʳ] nom théâtre

En américain, on écrit "theater".

their [ðeəʳ] adjectif leur, leurs

Their father. Leur père.

Their brothers. Leurs frères.

Attention : l'adjectif possessif se rapporte au possesseur et reste invariable.

theirs [ðeərz] pronom

1. le leur, la leur, les leurs

Attention : le pronom possessif se rapporte au possesseur et reste invariable.

– My car is fast but theirs is even faster.
– Ma voiture est rapide, mais la leur l'est encore plus.

2. à eux, à elles

– These books are theirs.
– Ces livres sont à eux.

them [ðəm, ðem] pronom

1. Pour marquer le complément d'objet direct : **les**

I know them. Je les connais.

2. Pour marquer le complément d'objet indirect : **leur**

Dad gave them money.
Papa leur a donné de l'argent.

"To them" a le même sens mais vient après le nom : *Dad gave money to them.*

3. Après une préposition ou le verbe "to be" : **eux, elles**

This letter is for them.
Cette lettre est pour elles.

It's them. C'est eux.

themselves [ðəmˈselvz] pronom

1. eux-mêmes, elles-mêmes

They did that themselves.
Ils ont fait ça eux-mêmes.

2. se

They are washing themselves.
Ils se lavent.

then [ðen] adverbe

1. à cette époque, alors

I lived in the country then.
À cette époque, je vivais à la campagne.

2. ensuite, puis

I said goodbye then went home.
J'ai dit au revoir, puis je suis rentré.

3. alors

You're tired? Then stay here!
Tu es fatigué ? Alors, reste ici !

there [ðəʳ, ðeəʳ] adverbe
1. là
Is Boule there? Est-ce que Boule est là ?
2. there is, there are il y a, voilà
There's a problem. Il y a un problème.
There are problems. Il y a des problèmes.
There's my school. Voilà mon école.
There it is. La voilà.

these → that

they [ðeɪ] pronom
1. ils, elles
– Where are they? – They're in the park.
– Où sont-elles ? – Elles sont au parc.
They are teachers. Ils sont professeurs.
2. Dans certains cas, se traduit par : ce

They are nice boys.
Ce sont de gentils garçons.

3. Pour parler des gens en général : on
What do they say? Qu'est-ce qu'on dit ?

thick [θɪk] adjectif épais

thief [θi:f] nom voleur, voleuse
Le pluriel de “thief” est “thieves” [θi:vz].

The thieves are running away.
Les voleurs s'enfuient.

thin [θɪn] adjectif maigre, mince
You must eat more, you're too thin. Il faut que tu manges plus, tu es trop maigre.

thing [θɪŋ] nom chose

think [θɪŋk] verbe
1. penser
I think it's late. Je pense qu'il est tard.
What are you thinking about?
À quoi penses-tu ?
2. réfléchir

– I'm thinking.
– Je réfléchis.

Le prétérit et le participe passé de “think” sont “thought” [θɔ:t].

thirsty [ˈθɜ:stɪ] adjectif
to be thirsty avoir soif
Give me some milk, I'm very thirsty.
Donne-moi du lait, j'ai très soif.

this, those → that

thought → think

threw → throw

throat [θrəʊt] nom gorge
Do you have a sore throat?
Tu as mal à la gorge ?

through [θruː] préposition

1. **par**

Boule is looking through the window.
Boule regarde par la fenêtre.

2. **à travers**

The road goes through the forest.
La route passe à travers la forêt.

Let's go through the tunnel.
Traversons le tunnel.

3. En parlant du temps : **pendant**

throw [θrəʊ] verbe

1. **jeter, lancer**

Boule threw a banana skin.
Boule a jeté une peau de banane.

2. to throw away **jeter (à la poubelle)**

Le prétérit de "throw" est "threw" [θruː] ; le participe passé est "thrown" [θrəʊn].

thumb [θʌm] nom **pouce**

Thursday [ˈθɜːzdɪ] nom **jeudi**

Come and see me on Thursday.
Viens me voir jeudi.

Attention : les noms de jours prennent toujours une majuscule.

ticket [ˈtɪkɪt] nom **billet, ticket**

tidy [ˈtaɪdɪ] adjectif **bien rangé**

Boule's room is never tidy! La chambre de Boule n'est jamais bien rangée !

tie [taɪ]

verbe **attacher, nouer**

nom **cravate**

Dad tied Bill with ties.
Papa a attaché Bill avec des cravates.

tiger [ˈtaɪgəʳ] nom **tigre**

till → **until**

time [taɪm] nom

1. **temps**

Most of the time Caroline is asleep.
Caroline dort la plupart du temps.

That happened a long time ago.
Cela s'est passé il y a longtemps.

2. **heure**

What time is it? Quelle heure est-il ?

Regarde page 155.

3. **moment**

This isn't the right time.
Ce n'est pas le bon moment.

4. **fois**

Boule plays at Pouf's house three times a week. Boule joue chez Pouf trois fois par semaine.

5. En parlant de l'avenir :

In a week's time. Dans une semaine.

timetable [ˈtaɪmteɪbl] nom

À l'école : **emploi du temps**

En américain, on dit "schedule" [ˈskedʒuːl].

tin [tɪn] nom **boîte (en métal)**

A tin of beans. Une boîte de haricots.

En américain, on dit “can”.

tired [ˈtaɪəd] adjectif **fatigué**

to [tuː, tʊ, tə] préposition

1. Pour indiquer l’endroit où l’on va : **à, en, chez**

P’tit Louis is going to school.
P’tit Louis va à l’école.

Mum went to the butcher’s.
Maman est allée chez le boucher.

He went to England last year.
Il est allé en Angleterre l’année dernière.

2. Avec un complément d’attribution : **à**

Give this bone to Bill. Donne cet os à Bill.

3. **pour**

I’ve come to help you.
Je suis venu pour t’aider.

4. En parlant de l’heure : **moins**

It’s ten to six. Il est six heures moins dix.

En américain, on dit : *It’s ten of six.*

toast [təʊst] nom **pain grillé**

today [təˈdeɪ] adverbe **aujourd’hui**

toe [təʊ] nom **orteil**

together [təˈgeðəʳ] adverbe **ensemble**

toilet [ˈtɔɪlɪt] nom **toilettes**

To go to the toilet. Aller aux toilettes.

Where is the toilet? Où sont les toilettes ?

Attention : “toilet” est toujours au singulier.

told → tell

tomato [təˈmɑːtəʊ] nom **tomate**

Le pluriel de “tomato” est “tomatoes” [təˈmɑːtəʊz].

tomorrow [təˈmɒrəʊ] adverbe **demain**

tongue [tʌŋ] nom **langue**

Attention : pour parler du langage, on dit “language”.

tonight [təˈnaɪt] adverbe

1. **ce soir**
2. **cette nuit**

too [tuː] adverbe

1. **aussi**

Are you coming too? Tu viens aussi ?

2. **trop**

He is too tired to read.
Il est trop fatigué pour lire.

took → take

tooth [tuːθ] nom **dent**

Le pluriel de “tooth” est “teeth” [tiːθ].

What time is it?

Pauvre Boule ! Il a attendu pour rien !

It's two o'clock.
Il est deux heures.

It's five past two.
Il est deux heures cinq.

It's a quarter past two.
Il est deux heures et quart.

En américain, on dit "after" au lieu de "past".

It's half past two.
Il est deux heures et demie.

It's twenty to three.
Il est trois heures moins vingt.

It's a quarter to three.
Il est trois heures moins le quart.

En américain, on dit "of" au lieu de "to".

Note bien que les minutes se placent toujours avant les heures.
Jusqu'à midi, on ajoute *a.m.* ; après midi, on ajoute *p.m.* :
3 a.m. = three in the morning → trois heures du matin.
3 p.m. = three in the afternoon → trois heures de l'après-midi.

toothbrush [ˈtuːθbrʌʃ] nom
brosse à dents

toothpaste [ˈtuːθpeɪst] nom
dentifrice

– *What have you done with this **toothpaste**?*
– Qu'as-tu fait avec ce dentifrice ?

top [tɒp]
nom
1. En parlant d'une montagne : **sommet**

*Will he reach the **top**?*
Arrivera-t-il au sommet ?

2. En parlant d'une page, d'un escalier : **haut**
3. En parlant d'une table : **dessus**
4. En parlant d'une bouteille : **bouchon**

adjectif
1. **du haut**
On the top shelf. Sur l'étagère du haut.
2. **dernier**
The top floor. Le dernier étage.
3. to get top marks **avoir d'excellentes notes**
4. to be top of the class **être le premier de la classe**

tore, torn → tear

tortoise [ˈtɔːtəs] nom tortue
On dit "tortoise" pour une tortue terrestre, et "turtle" [ˈtɜːtl] pour une tortue marine. Mais attention : en américain, on dit "turtle" dans les deux cas.

*Caroline is a funny **tortoise**!*
Caroline est une drôle de tortue !

touch [tʌtʃ] verbe
1. **toucher**
2. **toucher à**

tough [tʌf] adjectif
1. **dur**
2. **difficile**

towards [təˈwɔːdz] préposition
1. **vers**
2. **envers**

En américain, on dit "toward" [təˈwɔːrd].

towel [ˈtaʊəl] nom serviette

tower [ˈtaʊəʳ] nom tour

town [taʊn] nom ville
Let's go into town. Allons en ville.

toy [tɔɪ] nom jouet

traffic [ˈtræfɪk] nom **circulation**
I can't cross: there's too much traffic.
Je ne peux pas traverser : il y a trop de circulation.

train [treɪn] nom **train**
Let's go by train! Allons-y en train !

translate [trænzˈleɪt] verbe **traduire**
Translate this sentence into French.
Traduis cette phrase en français.

travel [ˈtrævl] verbe **voyager**

tree [triː] nom **arbre**

trick [trɪk] nom **tour**

They wanted to play a trick on him.
Ils ont voulu lui jouer un tour.

trip [trɪp] nom **voyage**

trouble [ˈtrʌbl] nom **ennuis**
Boule often gets into trouble with dad.
Boule a souvent des ennuis avec papa.

trousers [ˈtraʊzəz] nom au pluriel **pantalon**
Where are my trousers?
Où est mon pantalon ?
Attention : on utilise toujours "trousers" au pluriel. En américain, on dit "pants".

true [truː] adjectif **vrai**
It's a true story. C'est une histoire vraie.

trumpet [ˈtrʌmpɪt] nom **trompette**

truth [truːθ] nom **vérité**
Tell me the truth. Dis-moi la vérité.

try [traɪ] verbe **essayer**
La troisième personne du singulier de "try" est "tries" [traɪz]. Le prétérit et le participe passé sont "tried" [traɪd].

He tried to hit the ball.
Il a essayé de frapper la balle.

Tuesday [ˈtjuːzdɪ] nom **mardi**
Dad didn't go to work on Tuesday.
Papa n'est pas allé au travail mardi.
Attention : les noms de jours prennent toujours une majuscule.

turkey [ˈtɜːkɪ] nom **dinde**

turn [tɜːn]

nom

1. **tour**

It's your turn, Bill. C'est ton tour, Bill.

2. **tournant, virage**

verbe

1. **tourner**

Turn left. Tournez à gauche.

2. **devenir**

The leaves are turning red.
Les feuilles deviennent rouges.

3. **to turn off**

Pour parler du gaz, d'une radio, d'une lumière : **éteindre**

Turn off the TV. Éteins la télévision.

4. **to turn on**

Pour parler du gaz, d'une radio, d'une lumière : **allumer**

Turn the TV on. Allume la télévision.

5. **to turn round se retourner**

She turned round when I came in.
Elle s'est retournée quand je suis entré.

En américain, on dit "to turn around".

turnip [ˈtɜːnɪp] nom **navet**

turtle → tortoise

TV [tiːviː] nom **télévision, télé**

I wonder what's on TV tonight.
Je me demande ce qu'il y a à la télévision ce soir.

twice [twaɪs] adverbe **deux fois**

It happens twice a week.
Ça se passe deux fois par semaine.

twin [twɪn] nom et adjectif **jumeau, jumelle**

twist [twɪst] verbe **tordre**

I twisted my foot. Je me suis tordu le pied.

tyre [ˈtaɪəʳ] nom **pneu**

En américain, on écrit "tire" .

– Thank you for what you've done for my tyre.
– Merci pour ce que tu as fait pour mon pneu.

UV

ugly [ˈʌglɪ] adjectif **laid**

umbrella [ʌmˈbrelə] nom **parapluie**

– My umbrella's flying away!
– Mon parapluie s'envole !

uncle [ˈʌŋkl] nom **oncle**

under [ˈʌndəʳ]

préposition

1. **sous**

Bill hid his bone under the leaves.
Bill a caché son os sous les feuilles.

2. **moins de**

Mum is under thirty.
Maman a moins de trente ans.

adverbe

1. **dessous**

Boule lifted Caroline's shell and looked under. Boule a soulevé la carapace de Caroline et a regardé dessous.

2. **moins**

Ten euros and under.
Dix euros et moins.

understand [ˌʌndəˈstænd] verbe
comprendre
Le prétérit et le participe passé de "understand" sont "understood" [ˌʌndəˈstʊd].

underwear [ˌʌndəˈweəʳ] nom
sous-vêtements
Where is my underwear?
Où sont mes sous-vêtements ?
Attention : avec "underwear", le verbe est toujours au singulier.

undress [ˌʌnˈdres] verbe **se déshabiller**

Boule is undressing.
Boule se déshabille.

unhappy [ʌnˈhæpɪ] adjectif
malheureux, triste

unpack [ˌʌnˈpæk] verbe
défaire ses valises

unpleasant [ʌnˈpleznt] adjectif
désagréable

until [ən'tɪl]

préposition **jusqu'à**

Boule is in school until three o'clock.
Boule est à l'école jusqu'à trois heures.

conjonction **jusqu'à ce que**

unusual [ʌn'juːʒl] adjectif **rare, exceptionnel**

up [ʌp]

adverbe

1. **en haut, vers le haut, en l'air**

They're looking up.
Ils regardent en l'air.

Up there. Là-haut.

2. Se traduit par un verbe :

Come up, Boule! Monte, Boule !

Prices are going up. Les prix montent.

préposition

1. **en haut de**

Caroline's already up the hill.
Caroline est déjà en haut de la côte.

2. Se traduit par un verbe :

Mum is walking up the street.
Maman remonte la rue.

Bill ran up the stairs.
Bill a monté l'escalier en courant.

3. up to **jusqu'à**

The rabbit came right up to the door.
Le lapin est venu jusqu'à la porte.

upstairs [ˌʌp'steəz] adverbe

1. **en haut**

Boule's room is upstairs.
La chambre de Boule est en haut.

2. Se traduit par un verbe :

They're going upstairs.
Ils montent l'escalier.

Come upstairs, dad. Monte, papa.

us [ʌs] pronom

Pour marquer le complément d'objet direct ou indirect : **nous**

Do they know us?
Est-ce qu'ils nous connaissent?

Dad gave us some money.
Papa nous a donné de l'argent.

"To us" a le même sens mais vient après le nom : *Dad gave some money to us.*

use [juːz]

verbe

1. **se servir de**

Dad uses a spade to dig holes.
Papa se sert d'une bêche pour creuser les trous.

2. **consommer**

My printer uses too much ink.
Mon imprimante consomme trop d'encre.

nom

1. **utilisation, emploi**
2. **usage**
3. It's no use. **Ça ne sert à rien.**
4. to be of use **être utile**

Attention : le nom se prononce [juːs].

used to [juːst tuː]

verbe auxiliaire

S'utilise pour parler d'une action habituelle dans le passé et se traduit souvent par l'imparfait :

We used to go for a walk every Sunday. On faisait une promenade tous les dimanches.

adjectif

to be used to doing something **avoir l'habitude de faire quelque chose**

Boule isn't used to getting up early. Boule n'a pas l'habitude de se lever tôt.

useful [ˈjuːsfʊl] adjectif **utile**

useless [ˈjuːslɪs] adjectif **inutile**

usually [ˈjuːʒəlɪ] adverbe **d'habitude**

van [væn] nom **camionnette**

vegetable [ˈvedʒtəbl] nom **légume**

very [ˈverɪ] adverbe

1. **très**

He's very happy. Il est très heureux.

2. very much **beaucoup**

Boule likes Bill very much. Boule aime beaucoup Bill.

video [ˈvɪdɪəʊ] nom

1. **magnétoscope**

En américain, on dit VCR [viː siː ˈɑːʳ].

2. **vidéo**
3. **cassette vidéo**

village [ˈvɪlɪdʒ] nom **village**

violin [ˌvaɪəˈlɪn] nom **violon**

Can you play the violin? Tu joues du violon ?

visit [ˈvɪzɪt]

verbe

1. **rendre visite à**
2. **visiter**

nom

1. **visite**

Let's pay a visit to Pouf. Rendons visite à Pouf.

2. **séjour**

Bill went on a visit to India.
Bill a fait un séjour en Inde.

voice [vɔɪs] nom **voix**

Bill is very sad... **Bill est très triste...**

Bill is very very sad... **Bill est très très triste...**

Bill is very very very sad. **Bill est très très très triste.**

WXYZ wxyz

wait [weɪt]

verbe **attendre**

I'm still waiting, Boule!
J'attends encore, Boule !

He's waiting for her. Il l'attend.

nom **attente**

It was a very long wait.
L'attente a été très longue.

wake [weɪk] verbe

1. **réveiller**

Boule can't wake Caroline!
Boule n'arrive pas à réveiller Caroline !

On peut utiliser aussi "to wake up" avec le même sens.

2. to wake up **se réveiller**

Dad wakes up early.
Papa se réveille de bonne heure.

Le prétérit de "wake" est "woke" [wəʊk] ; le participe passé est "woken" [ˈwəʊkn].

walk [wɔːk]

nom **promenade**

Bill wants to go for a walk.
Bill veut faire une promenade.

verbe

1. **marcher, aller à pied**
2. **se promener**

wall [wɔːl] nom **mur**

walnut [ˈwɔːlnʌt] nom **noix**

want [wɒnt] verbe **vouloir**

– Do you want to play, Bill?
– Tu veux jouer, Bill ?

I want my bone! Je veux mon os !

war [wɔːʳ] nom **guerre**

warm [wɔːm] adjectif **chaud**

My coat is nice and warm.
Mon manteau est bien chaud.

I'm too warm. J'ai trop chaud.

On utilise "warm" pour désigner une chaleur agréable ; on utilise "hot" lorsque la chaleur est forte ou trop forte.

It's warm today.
Il fait chaud aujourd'hui.

Attention : on utilise le verbe "to be" dans les expressions où l'on parle du temps ou de la température.

was, wasn't → be

wash [wɒʃ]

verbe

1. laver

He's washing the car. Il lave la voiture.

2. se laver

She's washing. Elle est en train de se laver.

nom

To have a wash. Se laver.

En américain, on dit "to wash up".

washing [ˈwɒʃɪŋ] nom

1. lessive

To do the washing. Faire la lessive.

En américain, on dit "to do the laundry".

Attention : quand on parle du détergent, on dit "washing powder", et en américain, "detergent".

2. linge

The dirty washing. Le linge sale.

washing-up [ˈwɒʃɪŋʌp]

nom vaisselle

En américain, on dit "to do the dishes" [ˈdɪʃɪz].

They're doing the washing-up.
Ils font la vaisselle.

watch [wɒtʃ]

verbe regarder

Boule and his friends are watching TV. Boule et ses amis regardent la télé.

nom montre

water [ˈwɔːtəʳ] nom eau

way [weɪ] nom

1. En parlant d'une direction : chemin

Can you tell me the way to the station? Peux-tu m'indiquer le chemin de la gare ?

– Which way did he go?
– He went that way!
– Par où est-il passé ?
– Il est passé par là !

2. En parlant de la manière de faire quelque chose : façon, manière

What's the best way to eat a bone? Quelle est la meilleure façon de manger un os ?

we [wiː] pronom nous

Where are we? Où sommes-nous ?

weak [wiːk] adjectif faible

wear [weəʳ] verbe

porter (des vêtements)

Le prétérit de "wear" est "wore" [wɔːʳ] ; le participe passé est "worn" [wɔːn].

He's wearing funny clothes!
Il porte de drôles de vêtements !

weather [ˈweðəʳ] nom **temps**

What's the weather like? Quel temps fait-il ?

The weather forecast. La météo.

Regarde page ci-contre.

web [web] nom **toile**

A spider's web. Une toile d'araignée.

wedding [ˈwedɪŋ] nom **mariage (cérémonie)**

A weeding dress. Une robe de mariée.

Wednesday [ˈwenzdɪ] nom **mercredi**

Attention : les noms de jours prennent toujours une majuscule.

week [wiːk] nom **semaine**

We're going to the museum next week. Nous allons au musée la semaine prochaine.

welcome [ˈwelkəm]

exclamation **bienvenue !**

adjectif **bienvenu**

– *Dogs are not **welcome** on planes!*
– Les chiens ne sont pas les bienvenus dans les avions !

verbe **accueillir, souhaiter la bienvenue à**

well [wel]

adverbe

1. **bien**

He plays the guitar well. Il joue bien de la guitare.

– *Look, Caroline doesn't feel **well**.*
– Regarde, Caroline ne se sent pas bien.

2. as well **aussi**

Is Caroline coming as well? Caroline vient aussi ?

exclamation **eh bien !**

Well, what do you think of your new school? Eh bien, que penses-tu de ta nouvelle école ?

went → **go**

were, weren't → **be**

wet [wet] adjectif

1. **mouillé**

*Dad is **wet**!*
Papa est mouillé !

To get wet. Se faire mouiller.

To get something wet. Mouiller quelque chose.

2. En parlant de la pluie :

Don't go out, it's wet. Ne sors pas, il pleut.

whale [weɪl] nom **baleine**

The weather

Regarde ce que pensent nos amis du temps et des saisons.

– J'adore le printemps. Il fait beau !

– En été, il fait chaud et il y a du soleil.

– Mais je déteste l'automne. Il ne fait pas beau, il y a du vent…

– … Il y a beaucoup de nuages…

– … Et il pleut.

– Je n'aime pas l'hiver.
Il neige.

– Il fait froid, n'est-ce pas ?

what [wɒt]

adjectif

Dans les questions et les exclamations:
quel, quelle, quels, quelles

What time is it? Quelle heure est-il ?

What a pity! Quel dommage !

pronom

1. Lorsque “what” est sujet de la phrase:
qu’est-ce qui, que

What’s going on? Qu’est-ce qui se passe ?/Que se passe-t-il ?

2. Lorsque “what” est complément d’objet direct: **qu’est-ce que, que**

What are you eating, Bill?
Qu’est-ce que tu manges, Bill ?/
Que manges-tu, Bill ?

What’s the matter? Qu’est-ce qu’il y a ?

3. Dans les suggestions:

What about going for a walk?
Si on allait se promener ?

4. Avec une préposition: **quoi**

What are you thinking about, Bill?
À quoi penses-tu, Bill ?

5. What’s your name?
Comment t’appelles-tu ?

– *What do you want?*
– Qu’est-ce que tu veux ?/Que veux-tu ?

wheel [wi:l] nom **roue**

when [wen] adverbe et conjonction **quand**

– *When are you coming down?*
– Quand vas-tu descendre ?

where [weəʳ] adverbe et conjonction **où**

Where are you going? Où vas-tu ?

– *Where’s my bone?*
– Où est mon os ?

whether [ˈweðəʳ] conjonction **si**

I don’t know whether it’s raining.
Je ne sais pas s’il pleut.

which [wɪtʃ]

adjectif **quel, quelle, quels, quelles**

Which bone do you prefer, Bill?
Quel os préfères-tu, Bill ?

pronom

1. Dans les questions et avec une préposition : **lequel, laquelle, lesquels, lesquelles**

Which *is the most stupid?*
Lequel est le plus stupide ?

The table on which Bill put his bone.
La table sur laquelle Bill a mis son os.

Which do you like best?
Lequel préfères-tu ?

Dans les questions, on dit aussi "which one" : *Which one do you like best?*

2. Lorsque "which" est sujet de la proposition relative : **qui**

He's counting the cars which pass by his house! Il compte les voitures qui passent devant sa maison !

3. Lorsque "which" est complément d'objet direct, il se traduit par **que**, mais il peut être omis :

I've read the book (which) you gave me.
J'ai lu le livre que tu m'as donné.

while [waɪl]

conjonction **pendant que**

Dad is working while we are playing.
Papa travaille pendant que nous jouons.

nom **moment**

After a while. Après un moment.

white [waɪt] adjectif **blanc**

who [huː] pronom

1. Lorsque "who" est sujet de la proposition relative ou de la phrase : **qui**

Here's the man who came yesterday.
C'est l'homme qui est venu hier.

Who *is it?*
Qui est-ce ?

2. Lorsque "who" est complément d'objet direct, il se traduit par **que**, mais il peut être omis :

He's the man (who) I saw yesterday.
C'est l'homme que j'ai vu hier.

Dans un style plus soutenu, on dit "whom".

whole [həʊl] adjectif **tout, tout entier**

Caroline has eaten the whole cake!
Caroline a mangé tout le gâteau !

whose [huːz] adjectif et pronom

1. à qui

Whose ball is this? À qui est cette balle ?

2. de qui

Whose friend are you? Tu es l'ami de qui ?

3. dont

The girl whose brother is in my class.
La fille dont le frère est dans ma classe.

why [waɪ] adverbe et conjonction **pourquoi**

Why not? Pourquoi pas ?

Why *are they crying?*
Pourquoi pleurent-ils ?

wide [waɪd] adjectif **large**

Our garden is five metres wide.
Notre jardin fait cinq mètres de large.

wife [waɪf] nom **femme (épouse)**

Mr Green and his wife.
Monsieur Green et sa femme.
Le pluriel de "wife" est "wives" [waɪvz].

wild [waɪld] adjectif **sauvage**

Regarde page ci-contre.

wild boar [waɪld bɔːʳ] nom **sanglier**

will [wɪl]

Vous avez dit modal ?

Will s'utilise comme un verbe, mais il n'a pas d'infinitif et ne se conjugue pas : c'est un **auxiliaire modal**.
On l'emploie pour :

1. Exprimer le futur :
I will go if you ask me.
J'irai si tu me le demandes.

2. Indiquer qu'on veut quelque chose : **vouloir**
Will you bring me a cup of tea?
Veux-tu m'apporter une tasse de thé ?
I won't do it.
Je ne veux pas le faire.

3. Exprimer un ordre :
Will you go out!
Veux-tu sortir !

La forme négative de will est will not ou won't [wəʊnt].

win [wɪn] verbe **gagner**

Le prétérit et le participe passé de "win" sont "won" [wʌn].

wind [wɪnd] nom **vent**

window ['wɪndəʊ] nom

1. **fenêtre**
2. **vitre**

windy ['wɪndɪ] adjectif

It's windy. Il y a du vent.

wing [wɪŋ] nom **aile**

The bird was flapping its wings.
L'oiseau battait des ailes.

winter ['wɪntəʳ] nom **hiver**

wish [wɪʃ]

verbe **souhaiter**

– I wish you a happy birthday!
– Je te souhaite un bon anniversaire !

He wishes to help us.
Il souhaite nous aider.
Stay if you wish. Reste si tu veux.

nom

1. **vœu**

Best wishes. Meilleurs vœux.

2. **désir, souhait**

Wild animals

Voici les animaux que Boule a vus au zoo.

giraffes

monkeys

kangaroos

a lion

an elephant

Regarde aussi d'autres animaux page 11,
les animaux de la ferme page 47,
et les animaux familiers page 113.

Au cours de son voyage autour du monde, il a aussi rencontré ceux-ci.

zebras

a camel

seals

a bear

witch [wɪtʃ] nom **sorcière**

with [wɪð] préposition
1. **avec**
Come with me, Bill. Viens avec moi, Bill.
2. Dans les descriptions : **à, aux**
The girl with a red dress.
La fille à la robe rouge.
The boy with black hair.
Le garçon aux cheveux noirs.
3. Pour indiquer la cause ou le moyen : **de**
He's trembling with fear. Il tremble de peur.
4. Pour parler de la maison de quelqu'un : **chez**
She stayed with me for a week. Elle est restée chez moi pendant une semaine.

without [wɪðˈaʊt] préposition **sans**
Don't go out without a coat.
Ne sors pas sans manteau.

woke, woken → wake

wolf [wʊlf] nom **loup**
Le pluriel de "wolf" est "wolves" [wʊlvz].

woman [ˈwʊmən] nom **femme**
Le pluriel de "woman" est "women" [ˈwɪmɪn].

– *This woman looks angry!*
– Cette femme a l'air en colère !

won → win

wonderful [ˈwʌndəfʊl] adjectif
merveilleux

won't → will

wood [wʊd] nom **bois**

He's walking in the wood.
Il se promène dans le bois.

A table made of wood. Une table en bois.

wool [wʊl] nom **laine**

word [wɜːd] nom
1. **mot**
She didn't say a word.
Elle n'a pas dit un mot.
2. **parole**
The words of a song.
Les paroles d'une chanson.

wore → wear

work [wɜːk]
nom **travail**
Dad goes to work early in the morning.
Papa va au travail tôt le matin.
verbe
1. **travailler**
2. En parlant d'une machine : **marcher, fonctionner**

world [wɜːld] nom **monde**

The whole world. Le monde entier.

worn → wear

worried [ˈwʌrɪd] adjectif **inquiet**

worry [ˈwʌrɪ]

verbe

1. **s'inquiéter**

Don't worry about me!
Ne t'inquiète pas pour moi !

2. **inquiéter**

I didn't want to worry you.
Je ne voulais pas t'inquiéter.

nom **souci**

Le pluriel de "worry" est "worries" [ˈwʌrɪz].

worse [wɜːs]

adjectif

L'adjectif est la forme comparative de "bad".

1. **pire, plus mauvais**

Jack is worse than Sarah in English.
Jack est plus mauvais que Sarah en anglais.

*The weather is getting **worse**.*
Le temps s'aggrave.

2. En parlant de la santé : **moins bien**

I feel worse today.
Je me sens moins bien aujourd'hui.

adverbe **plus mal**

L'adverbe est la forme comparative de "badly".

You play worse than me.
Tu joues plus mal que moi.

worst [wɜːst]

adjectif **pire, plus mauvais**

L'adjectif est la forme superlative de "bad".

*– This is the **worst** weather I've ever seen.*
– C'est le plus mauvais temps que j'aie jamais vu.

adverbe **le plus mal**

L'adverbe est la forme superlative de "badly".

Simon plays the guitar worst of all.
C'est Simon qui joue le plus mal de la guitare.

nom **the worst** **le pire, la pire, les pires**

would [wʊd]

VOUS AVEZ DIT MODAL ?

Would s'utilise comme un verbe, mais il n'a pas d'infinitif et ne se conjugue pas : c'est un **auxiliaire modal**.
On l'emploie pour :

1. Traduire la forme conditionnelle du verbe :

I would help you if I could.
Je vous aiderais si je pouvais.

2. Exprimer une demande polie :

Would you close the door?
Est-ce que tu pourrais fermer la porte ?

3. Poser une question polie :

Would you like a coffee?
Voulez-vous prendre un café ?

W

wrist [rɪst] nom **poignet**

write [raɪt] verbe
1. **écrire**
Don't forget to write to me.
N'oublie pas de m'écrire.
2. to write down **noter, écrire**
Le prétérit de "write" est "wrote" [rəʊt] ; le participe passé est "written" [ˈrɪtn].

writer [ˈraɪtəʳ] nom **écrivain**

written → write

wrong [rɒŋ]
adjectif
1. **mauvais**
This is the wrong direction.
C'est la mauvaise direction.
2. **faux**
Your sums are wrong.
Tes calculs sont faux.
3. to be wrong **avoir tort**
4. There's something wrong. **Il y a quelque chose qui ne va pas.**
adverbe **mal**
You've written my name wrong.
Tu as mal écrit mon nom.

The TV has gone wrong.
La télé est tombée en panne.

wrote → write

year [jɪəʳ] nom
1. **an**
Boule's best friend is ten years old.
Le meilleur ami de Boule a dix ans.
2. **année**
This year we're going to Mexico.
Cette année, nous allons au Mexique.

yellow [ˈjeləʊ] adjectif **jaune**

yes [jes] adverbe
1. **oui**
2. **si**
– That's not Pouf. – Yes, it is!
– Ce n'est pas Pouf. – Si, c'est lui !

yesterday [ˈjestədɪ] adverbe **hier**
Yesterday morning. Hier matin.

– I'm bringing back the bones my dog took yesterday.
– Je rapporte les os que mon chien a pris hier.

yet [jet] adverbe
1. Dans les phrases négatives : **encore**
Bill hasn't finished his bone yet.
Bill n'a pas encore fini son os.
2. Dans les questions : **déjà**
Have you talked to your teacher yet?
As-tu déjà parlé à ton prof ?

you [juː] pronom

1. tu, vous

Where are you?
Où es-tu ?/Où êtes-vous ?

2. Pour marquer le complément d'objet direct ou indirect : **te, t', vous**

I gave you the exercise book.
Je t'ai donné le cahier./
Je vous ai donné le cahier.

"To you" a le même sens mais vient après le nom : *I gave the exercise book to you.*

3. Après une préposition ou le verbe "to be" : **toi, vous**

It's you. C'est toi./C'est vous.

– I've got some presents for you.
– J'ai des cadeaux pour toi.

4. Pour marquer l'usage indéfini : **on**

Can you walk on the grass?
Est-ce qu'on peut marcher sur la pelouse ?

young [jʌŋ] adjectif jeune

He's a young man.
C'est un jeune homme.

Bill's very kind to these young dogs.
Bill est très gentil avec ces jeunes chiens.

your [jɔːʳ] adjectif

1. ton, ta, tes, votre, vos

Your father. Ton père./Votre père.
Your mother. Ta mère./Votre mère.
Your brothers. Tes frères./Vos frères.

Attention : l'adjectif possessif se rapporte au possesseur et reste invariable.

– Move your car away!
– Déplace ta voiture !

2. Pour marquer l'usage indéfini : **son, sa, ses**

Can you buy your tickets here?
Est-ce qu'on peut acheter ses billets ici ?

– If you can't drive your car you'd better stay at home!
– Quand on ne sait pas conduire sa voiture, on reste chez soi !

yours [jɔːz] pronom

1. le tien, la tienne, les tiens, les tiennes, le vôtre, la vôtre, les vôtres

My bike is fast but yours is even faster.
Mon vélo est rapide mais le tien/le vôtre est encore plus rapide.

Attention : le pronom possessif se rapporte au possesseur et reste invariable.

2. à toi, à vous

These pencils are yours.
Ces crayons sont à toi/à vous.

yourself [jɔːˈself] pronom
1. **toi-même, vous-même**
You did that by yourself.
Tu as fait ça toi-même./
Vous avez fait ça vous-même.
2. **te, t', vous**
Have you cut yourself?
Est-ce que tu t'es coupé ?/
Est-ce que vous vous êtes coupé ?
3. Après une préposition : **toi, vous**
You're always thinking of yourself!
Tu penses toujours à toi !/
Vous pensez toujours à vous !

yourselves [jɔːˈselvz] pronom
1. **vous-mêmes**
2. Après une préposition : **vous**

zebra [ˈzebrə] nom **zèbre**

zip [zɪp] nom **fermeture Éclair**

zoo [zuː] nom **zoo**
Do you want to go to the zoo, Boule?
Tu veux aller au zoo, Boule ?

– You're a very bad driver!
– You're a very bad driver yourself!
– Vous êtes un très mauvais conducteur !
– Vous êtes un très mauvais conducteur vous-même !

à, au, aux préposition

1. En parlant de l'endroit où l'on est : at

Le papa de Boule est au travail.
Boule's dad is at work.

2. En parlant d'une ville ou d'un pays où l'on est : in

Il habite à Bruxelles. He lives in Brussels.

New York se trouve aux États-Unis.
New York is in the United States.

3. En parlant de l'endroit où l'on va : to

Boule va à l'école.
Boule is going to school.

4. En parlant de l'heure : at

Viens à six heures. Come at six o'clock.

À MOI, À TOI...

Pour dire que quelque chose appartient à quelqu'un :

1. On ajoute **'s** après le nom de la personne :
Cet os est à Bill. This bone is Bill's.

2. On emploie un pronom possessif :
à moi → mine ; **à toi** → yours ;
à lui → his ; **à elle** → hers ;
à nous → ours ; **à vous** → yours ;
à eux, à elles → theirs.

abeille nom féminin **bee**

abîmer verbe **to damage**

N'abîme pas mon cahier !
Don't damage my exercise book!

d'abord adverbe **first**

Mange d'abord. Eat first.

abri nom masculin **shelter**

Il construit un abri avec des planches.
He's building a shelter with some boards.

abricot nom masculin **apricot**

accent nom masculin

1. **accent**

Elle a l'accent allemand.
She has a German accent.

2. accent grave/aigu/circonflexe
grave/acute/circumflex accent

accident nom masculin **accident**

Pouf a eu un accident.
Pouf had an accident.

accompagner verbe

to come with (came, come)

Je t'accompagne. I am coming with you.

d'accord adverbe
1. **OK, okay**

– Tu viens ?
– D'accord !
– Are you coming?
– **OK!**

2. être d'accord avec
to agree with

accrocher verbe **to hang up**
(hung, hung)
Accroche ta veste au portemanteau.
Hang your jacket up on the coat rack.

accueillir verbe **to meet** (met, met)
Allons les accueillir à l'aéroport.
Let's meet them at the airport.

acheter verbe **to buy**
(bought, bought)
J'ai acheté une glace.
I bought an ice cream.

addition nom féminin
1. En parlant d'une opération : **sum**
Je sais faire les additions. I can do sums.
2. Au restaurant : **bill**
L'addition, s'il vous plaît ! The bill, please!
En américain, on dit aussi "check".

adolescent, adolescente
noms masculin et féminin **teenager**

adresse nom féminin **address**
Attention : le mot anglais "address" prend deux "d".

adulte nom masculin ou féminin **adult**

aéroport nom masculin **airport**

affaires nom féminin pluriel
1. En parlant d'objets personnels : **things**
Mets tes affaires ici. Put your things here.
2. En parlant du commerce : **business**

affreux, affreuse adjectif
1. En parlant de quelque chose de laid : **hideous**
Ce chat est affreux. This cat is hideous.
2. En parlant de quelque chose de désagréable : **awful**

Quel temps affreux !
What **awful** weather!

âge nom masculin
1. **age**

Personne ne connaît l'âge de ce vieil homme.
Nobody knows this old man's **age**.

2. Quel âge as-tu ? **How old are you?**

agneau nom masculin **lamb**

agréable adjectif **pleasant**

agriculteur, agricultrice
noms masculin et féminin **farmer**

aider verbe **to help**

Aide-moi à faire mon exercice.
Help me to do my exercise.

aimer verbe

1. En parlant d'une chose, d'un ami ou d'une activité : **to like**

Caroline aime la salade.
Caroline likes salad.

Boule aime bien Pouf. Boule likes Pouf.

2. En parlant d'amour : **to love**

Caroline aime Bill.
Caroline loves Bill.

air nom masculin

1. En parlant de l'air que l'on respire : **air**

L'air est pur ici. The air is pure here.

2. En parlant d'une chanson : **tune**
3. avoir l'air **to look**

Tu as l'air fatigué. You look tired.

ajouter verbe **to add**

aliment nom masculin **food**

aller verbe

1. Quand on se déplace : **to go** (went, gone)

Va au supermarché. Go to the supermarket.

2. En parlant de la santé : **to be** (was/were, been)

Caroline va bien. Caroline is fine.

3. En parlant d'un vêtement, d'une couleur : **to suit**

Cette jupe te va bien. This skirt suits you.

4. s'en aller **to go**

Bon, je m'en vais ! Right, I'm going!

allô exclamation **hello**

allumer verbe

1. En parlant d'un feu : **to light** (lit, lit)
2. En parlant de la lumière ou d'un appareil électrique : **to switch on**

J'allume la télé. I am switching the TV on.

amende nom féminin **fine**

Une amende de cent euros.
A one-hundred euro fine.

ami, amie noms masculin et féminin **friend**

amour nom masculin **love**

amusant, amusante adjectif **funny**

an nom masculin

1. **year**

Ça dure deux ans. It lasts for two years.

2. En parlant de l'âge :

Boule a sept ans.
Boule is seven./Boule is seven years old.

ananas nom masculin **pineapple**

âne nom masculin

1. En parlant de l'animal : **donkey**

Un petit âne gris.
A little grey donkey.

2. En parlant de quelqu'un de bête : **fool**

Quel âne, ce Bill !
This Bill is such a fool!

animal nom masculin

1. **animal**

Quel horrible animal ! What a horrible **animal** !

2. animal familier **pet**

année nom féminin **year**

L'année dernière. Last year.

L'année prochaine. Next year.

anniversaire nom masculin **birthday**

août nom masculin **August**

Attention : les noms de mois prennent toujours une majuscule.

appartement nom masculin **flat**

En américain, on dit "apartment".

appartenir à verbe **to belong to**

Ce vélo appartient à Pouf.
This bicycle belongs to Pouf.

appeler verbe

1. Quand on crie le nom de quelqu'un ou quand on lui téléphone : **to call**

J'ai appelé Noisette, mais c'était occupé.
I called Noisette but it was busy.

2. s'appeler **to be called** (was/were, been)

Cette ville s'appelle New York.
This city is called New York.

3. Comment t'appelles-tu ?
What's your name?

4. Je m'appelle... **My name is...**

Je m'appelle Boule. My name is Boule.

apporter verbe **to bring**

(brought, brought)

apprendre verbe

1. En parlant d'une leçon, d'une poésie : **to learn** (learned/learnt, learned/learnt)

– J'apprends ma leçon pour demain. – I'm **learning** my lesson for tomorrow.

2. Quand on enseigne quelque chose à quelqu'un : **to teach** (taught, taught)

Boule apprend à Bill à sauter.
Boule is teaching Bill to jump.

appuyer verbe

1. **to press**

Appuie sur le bouton. Press the button.

2. s'appuyer **to lean** (leaned/leant, leaned/leant)

Ne t'appuie pas sur le mur, la peinture est fraîche.
Don't lean on the wall, the paint is wet.

après

préposition **after**

Il est arrivé après moi. He arrived after me.

adverbe

1. **afterwards**

Et après, qu'est-ce qu'il fera ?
And afterwards, what will he do ?

2. d'après moi
in my opinion

D'après moi, c'est une mauvaise idée. **In my opinion**, it's a bad idea.

après-demain adverbe
the day after tomorrow

après-midi nom masculin ou féminin
afternoon

arbitre nom masculin
"Arbitre" se traduit par **referee** quand on parle de foot, de rugby ou d'autres sports de ballon, et par **umpire** quand on parle de tennis, de cricket ou de base-ball.

arbre nom masculin **tree**

argent nom masculin
1. En parlant de monnaie : **money**
Boule a dépensé tout son argent.
Boule has spent all his money.
2. En parlant du métal : **silver**
Un bracelet en argent. A silver bracelet.

arrêter verbe
1. Quand on cesse quelque chose : **to stop**
Bill, arrête d'aboyer ! Bill, stop barking!
2. En parlant d'un criminel : **to arrest**

La police a arrêté le voleur.
The police **arrested** the thief.

3. s'arrêter **to stop**

– Arrêtez-vous, je veux acheter une glace !
– **Stop**, I want to buy an ice cream!

arrière
adjectif **back**
Bill est assis sur le siège arrière avec Boule.
Bill is sitting on the back seat with Boule.
nom masculin
1. **back**
Il y a une place à l'arrière de la voiture.
There is a seat in the back of the car.
2. en arrière **backwards**
Il tombe en arrière ! He's falling backwards!

arriver verbe
1. **to arrive**
Le train arrive à trois heures.
The train arrives at three o'clock.
2. arriver à faire quelque chose **to manage to do something**
Bill est arrivé à sauter par-dessus le mur.
Bill managed to jump over the wall.

ascenseur nom masculin **lift**
Prenons l'ascenseur. Let's take the lift.
En américain, on dit "elevator".

aspirateur nom masculin
1. **vacuum cleaner**

L'aspirateur est cassé.
The **vacuum cleaner** is broken.

2. passer l'aspirateur **to vacuum**
Papa passe l'aspirateur dans le salon.
Dad is vacuuming the living room.

s'asseoir verbe
1. **to sit down** (sat, sat)
Asseyez-vous. Sit down.
2. **to sit** (sat, sat)
Asseyons-nous là. Let's sit there.

assez adverbe
1. **Pour dire que quelque chose est suffisant : enough**
Il y a assez de lait. There is enough milk.
Ça suffit ! Enough!
2. **Pour dire "plutôt" : quite**
Ce film est assez drôle.
This film is quite funny.

assiette nom féminin **plate**

attacher verbe **to tie**

attendre verbe
1. **to wait for**
Attends-moi. Wait for me.
2. attendre un bébé **to expect a baby**
3. s'attendre à **to expect**
Je m'y attendais. I expected this.

attention nom féminin
1. Attention ! **Be careful! Caution!**
2. faire attention à **to watch out for**

– Fais attention aux voitures, Bill !
– Watch out for the cars, Bill!

attraper verbe **to catch**
(caught, caught)
J'ai attrapé un rhume.
I've caught a cold.

C'est facile d'attraper Caroline, elle est si lente !
It's easy to catch Caroline, she's so slow!

au, aux → à

aucun, aucune adjectif **no**
Aucun chien n'est aussi intelligent que Bill. No dog is as clever as Bill.

aujourd'hui adverbe **today**

au revoir exclamation **goodbye**

– Au revoir, les amis !
– Goodbye, friends!

aussi adverbe
1. **Pour dire "également" : too**
Patrick est venu aussi. Patrick came too.
2. **Pour comparer : as**
Elle est aussi gentille que maman.
She's as nice as mum.

aussitôt adverbe **immediately**

autobus nom masculin **bus**

automne nom masculin **autumn**

En américain, on dit aussi "fall".

autoroute nom féminin **motorway**

En américain, on dit "freeway".

autour de préposition **around**

autre adjectif et nom

1. **other**

Les autres jouaient au foot. The others were playing football.

2. un autre, une autre **another**

Tu veux une autre glace ? Do you want another ice cream?

avance nom féminin

en avance **early**

Les parents de Boule sont en avance. Boule's parents are early.

avancer verbe

1. Quand on marche ou que l'on roule : **to move forward**

Les voitures avancent très lentement. The cars are moving forward very slowly.

2. En parlant d'une montre ou d'une horloge : **to be fast** (was/were, been)

Ta montre avance. Your watch is fast.

avant

préposition et adverbe

1. **before**

Vas-y avant moi. Go there before me.

2. Pour dire "d'abord" : **first**

Fais tes devoirs avant ! Do your homework first!

nom masculin **front**

L'avant de la voiture. The front of the car.

avec préposition **with**

avion nom masculin **plane**

Boule et sa famille vont à New York en avion. Boule and his family are going to New York by **plane**.

avoir verbe

1. En parlant de quelque chose que l'on possède : **to have** (had, had)

Boule a un chien. Boule has a dog.

Il a les cheveux bruns. He has dark hair.

2. En parlant de l'âge : **to be** (was/were, been)

Boule a sept ans. Boule is seven./Boule is seven years old.

QUAND C'EST UN AUXILIAIRE

Attention, **avoir + participe passé** se traduit par :

- Le verbe au prétérit, si l'action est complètement terminée.

  Boule a mangé une banane hier.
  Boule ate a banana yesterday.

- To have + participe passé, si l'action n'est pas terminée ou si elle est située à un moment imprécis du passé.

  Est-ce que tu as déjà vu ce film?
  Have you ever seen this film?
  J'ai perdu mon sac.
  I have lost my bag.

avril nom masculin **April**

Attention : les noms de mois prennent toujours une majuscule.

Bb

bagages nom masculin pluriel
1. **luggage**
Nos bagages sont là. Our luggage is here.
Attention : "luggage" ne prend pas de "s" au pluriel et est suivi d'un verbe au singulier.
2. **bags**

bague nom féminin **ring**

se baigner verbe **to have a swim** (had, had)
Viens te baigner ! Come and have a swim!

baignoire nom féminin **bath**

bain nom masculin **bath**
Prendre un bain. To have a bath.

baladeur nom masculin
personal stereo, Walkman

balançoire nom féminin **swing**

– Les balançoires ne sont pas pour les chiens, Bill !
– **Swings are not for dogs, Bill!**

balayer verbe **to sweep** (swept, swept)

balle nom féminin **ball**

Bill n'a pas attrapé la balle.
Bill didn't catch the ball.

ballon nom masculin
1. En parlant de sport ou de jeux : **ball**
Il joue au ballon. He's playing with a ball.
2. En parlant d'un ballon léger : **balloon**

banane nom féminin **banana**

bande dessinée, BD
nom féminin **comic**
En américain, on dit "comics".

banlieue nom féminin **suburb**
Il habite dans la banlieue de Bruxelles.
He lives in a suburb of Brussels.

bas, basse adjectif
1. **low**
Le mur était bas, Bill a sauté par-dessus.
The wall was low, Bill jumped over it.
2. en bas **at the bottom**
Attends-moi en bas de la colline.
Wait for me at the bottom of the hill.

basket

nom masculin **basketball**

Bill aimerait jouer au basket.
Bill would like to play basketball.

nom féminin **trainer**

Des baskets blanches. White trainers.

En américain, on dit "sneaker".

bateau nom masculin **boat**

battre verbe

1. **to beat** (beat, beaten)
Il m'a battu six à un. He beat me six to one.
2. se battre **to fight** (fought, fought)
Arrêtez de vous battre ! Stop fighting!

beau, belle adjectif

1. **beautiful**

Quel beau chien !
What a beautiful dog!

2. Il fait beau. **The weather is fine.**

beaucoup adverbe

1. **a lot, many, much**
Bill mange beaucoup. Bill eats a lot.
C'est beaucoup mieux comme ça.
It's much better like that.
2. beaucoup de **a lot of, many, much**
J'ai beaucoup d'amis. I have a lot of friends.
Il a beaucoup d'os. He has got many bones.

beau-fils nom masculin

Attention à la famille !

- **Beau-fils** se traduit par son-in-law quand on parle du mari de sa fille, mais par stepson quand on parle du fils de sa femme ou de son mari.
- **Belle-fille** se traduit par daughter-in-law quand on parle de la femme de son fils, mais par stepdaughter quand on parle de la fille de sa femme ou de son mari.
- **Beau-père** se traduit par father-in-law quand on parle du père de sa femme ou de son mari, mais par stepfather quand on parle du mari de sa mère.
- **Belle-mère** se traduit par mother-in-law quand on parle de la mère de sa femme ou de son mari, mais par stepmother quand on parle de la femme de son père.
- **Beaux-parents** se traduit par parents-in-law ou in-laws.
- En revanche, les deux mots suivants n'ont qu'une traduction :
  beau-frère → brother-in-law
  belle-sœur → sister-in-law

bébé nom masculin **baby**

Le pluriel de "baby" est "babies".

Quel beau bébé !
What a beautiful baby!

belle → beau

besoin nom masculin
avoir besoin de quelque chose **to need something**
J'ai besoin d'aide. I need help.

beurre nom masculin **butter**
Du pain et du beurre. Bread and butter.

bibliothèque nom féminin **library**
Il emprunte des livres à la bibliothèque. He borrows books from the library.
Le pluriel de "library" est "libraries".

bicyclette nom féminin
1. **bicycle, cycle**

La bicyclette de Boule est très rapide.
Boule's **bicycle** is very fast.

2. aller à bicyclette **to cycle**
Il va à l'école à bicyclette. He cycles to school.

bien
adverbe
1. Pour dire que l'on fait quelque chose convenablement ou habilement: **well**
Il était bien caché. He was well hidden.
2. Pour dire "très": **very**
C'est bien triste. It's very sad.
3. bien sûr **of course**
– Je peux sortir ? – Bien sûr ! – Can I go out? – Of course!
adjectif **good**
Ce film est très bien. This film is very good.

bientôt adverbe **soon**

bienvenue nom féminin **welcome**
Bienvenue à Paris ! Welcome to Paris!

bifteck nom masculin **steak**

billet nom masculin
1. En parlant d'argent: **note**
Un billet de dix euros. A ten-euro note.
En américain, on dit "bill".
2. En parlant des spectacles, des transports: **ticket**

blanc, blanche adjectif et nom masculin
white
Un nuage blanc. A white cloud.
Le blanc te va bien. White suits you.

se blesser verbe **to hurt oneself** (hurt, hurt)

Il va se blesser !
He's going to **hurt himself**!

bleu, bleue
adjectif **blue**
Un pantalon bleu. Blue trousers.
nom masculin
1. En parlant de la couleur: **blue**
2. En parlant d'une blessure: **bruise**
Boule a un bleu au bras. Boule has a bruise on his arm.

blond, blonde adjectif **fair**

Noisette est blonde. Noisette is fair.

Il a les cheveux blonds. He has fair hair.

blouson nom masculin **jacket**

bœuf nom masculin **beef**

Attention : "beef" désigne la viande ; pour parler de l'animal, on dit "ox" ("oxen" au pluriel).

boire verbe **to drink** (drank, drunk)

Bill a bu beaucoup d'eau !
Bill **drank** a lot of water!

bois nom masculin

1. **wood**

Bill s'est perdu dans le bois.
Bill got lost in the wood.

C'est du bois ? Is this wood?

2. en bois **wooden**

Une table en bois. A wooden table.

boisson nom féminin **drink**

boîte nom féminin

1. **box**
2. boîte aux lettres **postbox**

En américain, on dit "mailbox".
Le pluriel de "box" est "boxes".

3. boîte de conserve **can**

bon, bonne adjectif

1. **good**

Cet os est très bon ! This bone is very good!

Je suis bon en maths. I'm good at maths.

2. Il fait bon. **It's lovely.**

bonbon nom masculin **sweet**

En américain, on dit "candy".
Le pluriel de "candy" est "candies".

bondir verbe **to leap**
(leaped/leapt, leaped/leapt)

bonheur nom masculin

1. **happiness**
2. porter bonheur **to bring luck**

– Regarde, ça va te porter bonheur !
– Look, it will **bring** you **luck**!

bonjour exclamation **hello, hi**

Regarde page 63 les différentes façons de dire bonjour.

– Dis bonjour à la dame, Bill !
– Say **hello** to the lady, Bill!

bonsoir exclamation

1. Quand on rencontre quelqu'un : **good evening**

Bonsoir, Pouf, comment vas-tu ?
Good evening, Pouf, how are you?

2. Quand on se quitte pour la nuit : **good night, goodnight**

Bonsoir, Boule, dors bien !
Good night, Boule, sleep well!

bosse nom féminin

1. En parlant d'un animal : **hump**

Les chameaux ont deux bosses.
Camels have two humps.

2. En parlant d'une blessure : **bump**

Grégory a une bosse au front.
Gregory has a bump on his forehead.

botte nom féminin **boot**

bouche nom féminin **mouth**

Ouvre la bouche ! Open your mouth!

boucher, bouchère
noms masculin et féminin **butcher**

Bill aime beaucoup le boucher.
Bill loves the **butcher**.

boucherie nom féminin **butcher's**

bouger verbe **to move**

– Ne bougez pas, je prends une photo.
– Don't **move**, I'm taking a photograph.

bougie nom féminin **candle**

Allume les bougies. Light the candles.

boulanger, boulangère
noms masculin et féminin **baker**

boulangerie nom féminin **baker's, bakery**

bout nom masculin

1. En parlant d'un morceau de quelque chose : **piece**

Donne-moi un bout de pain.
Give me a piece of bread.

2. En parlant de l'extrémité de quelque chose : **end**

Ils habitent au bout de la rue.
They live at the end of the street.

bouteille nom féminin **bottle**

Une bouteille d'eau. A bottle of water.

boutique nom féminin **shop**

En américain, on dit aussi "store".

bras nom masculin **arm**

bricolage nom masculin **DIY**

Il n'aime pas beaucoup le bricolage.
He doesn't like DIY very much.

DIY sont les initiales de "do-it-yourself", c'est-à-dire "faites-le vous-même".

En américain, on n'utilise pas les initiales, on dit "do-it-yourself".

brillant, brillante adjectif **shiny**

briller verbe **to shine** (shone, shone)

Le soleil brille. The sun is shining.

brosse nom féminin

1. **brush**
2. brosse à cheveux **hairbrush**
3. brosse à dents **toothbrush**

Le pluriel de "brush" et de ses composés est "brushes".

Boule a perdu sa brosse à dents.
Boule has lost his **toothbrush**.

brouillon nom masculin **draft**

Fais d'abord un brouillon.
Make a draft first.

bruit nom masculin **noise**

– Ne fais pas de bruit, Boule !
– Don't make any **noise**, Boule!

brûler verbe

1. **to burn** (burned/burnt, burned/burnt)

J'ai brûlé le gâteau. I burned the cake.

2. se brûler **to burn oneself**

Aïe, je me suis brûlé !
Ouch, I've burned myself!

brun, brune adjectif **dark**

Il a les cheveux bruns.
He has dark hair.

P'tit Louis est brun.
P'tit Louis is **dark**.

bureau nom masculin

1. En parlant de la table : **desk**

Boule fait ses devoirs à son bureau.
Boule does his homework at his desk.

2. En parlant de la pièce ou du lieu de travail : **office**

Il travaille dans un bureau.
He works in an office.

but nom masculin **goal**

Axel a marqué un but ! Axel scored a goal!

Attention : "gardien de but" se dit "goalkeeper".

Cc

cacher verbe

1. **to hide** (hid, hidden)

– Regarde où ton chien a caché ses os !
– Look where your dog hid his bones!

2. se cacher **to hide**

cadeau nom masculin **present, gift**

café nom masculin

1. En parlant de la boisson : **coffee**

Un café et un thé, s'il vous plaît.
One coffee and one tea, please.

2. En parlant du bar : **café**

Allons dans un café. Let's go in a café.

cahier nom masculin

1. **exercise book**
2. cahier de brouillon **rough book**

En américain, pour les sens 1 et 2, on dit "notebook".

3. cahier de textes **homework book**

caisse nom féminin

1. En parlant de la boîte : **case, box**
2. En parlant de l'endroit où l'on paie au supermarché : **checkout**

calculer verbe **to calculate**

caleçon nom masculin

1. En parlant du sous-vêtement : **boxer shorts**
2. En parlant du pantalon de femme : **leggings**

Attention : on utilise toujours "boxer shorts" et "leggings" au pluriel.

calendrier nom masculin **calendar**

calme

adjectif **quiet**

Bill est très calme, il est malade ?
Bill is very quiet, is he ill?

nom masculin

1. **peace and quiet**

Papa a besoin de calme pour lire.
Dad needs peace and quiet to read.

2. Du calme ! **Keep quiet!**

Du calme, vous faites trop de bruit !
Keep quiet, you're making too much noise!

camarade nom masculin et féminin

1. **friend**
2. camarade de classe **classmate**

camion nom masculin **lorry**

Le pluriel de "lorry" est "lorries".
En américain, on dit "truck".

C'est le camion préféré de Bill.
It's Bill's favourite **lorry**.

campagne nom féminin **countryside**

J'aime me promener dans la campagne.
I like to go for walks in the countryside.
On peut aussi dire "country".

camper verbe **to camp**

On est parfois surpris quand on campe !
You're sometimes surprised when you go **camping**.

canapé nom masculin **sofa**

canard nom masculin **duck**

cantine nom féminin

1. **dining hall**

Elle est à la cantine. She's in the dining hall.
En américain, on dit "cafeteria".

2. manger à la cantine **to have school meals**

Je mange à la cantine. I have school meals.

capable adjectif **capable, able**

Es-tu capable d'attraper le ballon, Bill ?
Are you capable of catching the ball, Bill?

carotte nom féminin **carrot**

Attention : le mot anglais "carrot" prend deux "r" et un seul "t".

carré, carrée adjectif et nom masculin **square**

Le jardin est carré. The garden is square.
Dessine un carré. Draw a square.

carrefour nom masculin **crossroads**

Attention : "crossroads" s'utilise toujours au pluriel.
En américain, on dit "intersection".

cartable nom masculin **schoolbag**

Le cartable de Boule est lourd.
Boule's **schoolbag** is heavy.

casquette nom féminin **cap**

casser verbe to break (broke, broken)

Attention, tu vas casser le verre !
Be careful, you're going to break the glass!
Jojo s'est cassé la jambe. Jojo broke his leg.

casserole nom féminin
saucepan

Il a acheté des casseroles.
He bought some saucepans.

cassette nom féminin

1. tape

Une cassette de chansons françaises.
A tape of French songs.

2. cassette vidéo video

cauchemar nom masculin nightmare

Bill fait un cauchemar : il a perdu son os !
Bill is having a nightmare: he lost his bone!

à cause de because of

Nous avons perdu à cause de toi !
We lost because of you!

cave nom féminin cellar

CD nom masculin CD

Un CD de musique africaine.
A CD of African music.
Contrairement au français, en anglais "CD" prend un "s" au pluriel *(des CD :* CDs).

ce, cet, cette

adjectif

1. En parlant d'une personne, d'un animal ou d'une chose proche : this

Ce petit chien. This little dog.
Cet été. This summer.
Cette orange. This orange.

2. En parlant d'une personne, d'un animal ou d'une chose éloignée : that

Ce garçon là-bas. That boy over there.
Cet homme là-bas. That man over there.
Cette maison là-bas. That house over there.

pronom c'est it is, it's

C'est facile.
It's easy.

celle, celui pronom the one

Celle qui est là. The one who is here.
Lorsque "celle" et "celui" sont suivis de "de" et d'un nom de personne, on emploie le cas possessif 's :
Cette montre est celle de Lionel.
This watch is Lionel's.

celle-ci, celui-ci pronom this one

Celui-ci est à moi et celle-ci est à toi.
This one is mine and this one is yours.

celle-là, celui-là pronom
that one

Celle-là est à moi et celui-là est à toi.
That one is mine and that one is yours.

celles, ceux pronom **the ones**

Ceux que je t'ai donnés.
The ones I gave you.

Lorsque "celles" et "ceux" sont suivis de "de" et d'un nom de personne, on emploie le cas possessif **'s**:

Ces chaussures sont celles de Pouf.
These shoes are Pouf's.

celles-ci, ceux-ci pronom **these**

Celles-ci sont plus jolies que ceux-ci.
These are prettier than these.

celles-là, ceux-là pronom **those**

Celles-là sont plus jolies que ceux-là.
Those are prettier than those.

centre nom masculin

1. **centre**
2. centre aéré **holiday activity centre**
3. centre commercial **shopping centre**

En américain, on écrit "center" et "centre commercial" se dit "mall".

cercle nom masculin **circle**

cerise nom féminin **cherry**

Le pluriel de "cherry" est "cherries".

ces adjectif pluriel

1. En parlant de personnes, d'animaux ou de choses éloignés: **those**
2. En parlant de personnes, d'animaux ou de choses proches: **these**

Ces gâteaux sont très bons.
These cakes are very good.

– Ce sont ces chiens qui l'énervent !
– It's **those** dogs who bother him!

chacun, chacune pronom **each**

Chacun a sa chance.
Each has a chance.

chaise nom féminin **chair**

chaleur nom féminin

1. **heat**

J'aime la chaleur. I like the heat.

2. Quelle chaleur ! **It's so hot!**

chambre nom féminin **bedroom**

chameau nom masculin **camel**

champ nom masculin **field**

Allons nous promener dans les champs.
Let's go for a walk in the fields.

champignon nom masculin
mushroom

champion, championne
noms masculin et féminin **champion**

Il est champion du monde.
He is the world champion.

chance nom féminin
1. **luck**

Bonne chance ! Good luck!

2. avoir de la chance **to be lucky** (was/were, been)

Bill a de la chance, il a un bel os.
Bill is lucky, he's got a beautiful bone.

changer verbe
1. **to change**

Il a beaucoup changé. He changed a lot.

2. se changer **to get changed** (got, got/gotten)

chanson nom féminin **song**

chanter verbe **to sing** (sang, sung)
Chante-nous une chanson ! Sing us a song!

chapeau nom masculin **hat**

chasse nom féminin
1. En parlant de la poursuite des animaux: **hunting**

Bill ne veut pas qu'il aille à la chasse.
Bill doesn't want him to go hunting.

2. En parlant des toilettes: **flush**

La chasse est cassée. The flush is broken.

chat, chatte
noms masculin et féminin **cat**

– Voici mon chat, Caporal.
– This is my cat, Caporal.

château nom masculin
1. **palace**
2. château fort **castle**

chaud, chaude adjectif
1. En parlant d'une chaleur agréable: **warm**

Est-ce que l'eau est assez chaude ?
Is the water warm enough?

2. En parlant d'une chaleur désagréable: **hot**

Il fait trop chaud ici. It's too hot here.

chaussette nom féminin **sock**

chaussure nom féminin **shoe**

Que lui ont fait ces chaussures ?
What have these **shoes** done to him?

chemin nom masculin

1. En parlant de la route : **path**
Ce chemin va à l'école.
This path goes to the school.
2. En parlant de l'itinéraire à suivre : **way**
Montre-moi le chemin de l'école.
Show me the way to the school.

cheminée nom féminin

1. En parlant de l'endroit où l'on fait du feu : **fireplace**
2. En parlant de la cheminée sur le toit : **chimney**

chemise nom féminin

1. En parlant du vêtement : **shirt**
2. En parlant du classeur : **folder**
3. chemise de nuit **nightdress**
Le pluriel de "nightdress" est "nightdresses".
En américain, on dit aussi "nightgown".

cher, chère adjectif

1. Pour dire "coûteux" : **expensive, dear**
Cette robe est très chère.
This dress is very expensive.
2. Quand on écrit à quelqu'un : **dear**
Cher Boule, ... Dear Boule, ...

chercher verbe **to look for**

Que cherche-t-il ?
What is he **looking for**?

cheval nom masculin

1. **horse**
2. faire du cheval, monter à cheval **to ride** (rode, ridden)

cheveux nom masculin pluriel **hair**

Ses cheveux sont roux. His hair is red.
Attention : "hair" est toujours au singulier.

chèvre nom féminin **goat**

chez préposition

1. En parlant de sa propre maison : **home, at home**

Papa rentre chez lui.
Dad is coming back **home**.

2. En parlant de la maison de quelqu'un d'autre :
Je vais chez Axel. I'm going to Axel's house.
3. En parlant d'un magasin, du médecin :
Boule est chez le coiffeur.
Boule is at the hairdresser's.

chien, chienne

noms masculin et féminin **dog**

chiffre nom masculin **number**

Choisis un chiffre de un à dix.
Choose a number between one and ten.

chocolat nom masculin
1. **chocolate**
J'adore le chocolat. I love chocolate.

– *Mon chien adore la glace au chocolat.*
– My dog loves **chocolate** ice cream.

2. chocolat chaud **hot chocolate**
3. chocolat au lait **milk chocolate**
4. chocolat noir **dark chocolate**

choisir verbe **to choose**
(chose, chosen)

chose nom féminin **thing**
J'ai beaucoup de choses à faire.
I have a lot of things to do.

chou nom masculin
1. **cabbage**
2. choux de Bruxelles **Brussels sprouts**
3. chou à la crème **cream puff**

chou-fleur nom masculin **cauliflower**

ciel nom masculin **sky**
Le pluriel de "sky" est "skies".

cinéma nom masculin **cinema**
En américain, on dit "movies".

circulation nom féminin **traffic**

ciseaux nom masculin pluriel **scissors**

cité nom féminin **housing estate**
J'habite dans une cité en banlieue.
I live in a housing estate in the suburbs.
En américain, on dit "housing project".

citron nom masculin **lemon**

clair, claire adjectif
1. Pour dire "transparent" : **clear**
L'eau de la rivière est claire.
The river water is clear.
2. En parlant d'une couleur : **light**
Bleu clair. Light blue.

classe nom féminin **class**
Boule et Pouf sont dans la même classe.
Boule and Pouf are in the same class.
Le pluriel de "class" est "classes".
Attention : pour parler de la salle de classe, on doit dire "classroom".

clé, clef nom féminin **key**

client, cliente
noms masculin et féminin **customer**

climat nom masculin **climate**

– *Le climat est très chaud ici.*
– The **climate** is very hot here.

cochon nom masculin **pig**

cœur nom masculin
1. **heart**
2. avoir mal au cœur **to feel sick** (felt, felt)

3. apprendre par cœur **to learn by heart** (learned/learnt, learned/learnt)

Boule doit apprendre sa leçon par cœur.
Boule must learn his lesson by heart.

se coiffer verbe **to do one's hair** (did, done)
Je n'ai pas eu le temps de me coiffer.
I didn't have time to do my hair.

coiffeur, coiffeuse
noms masculin et féminin **hairdresser**

coin nom masculin **corner**
Leur maison est au coin de la rue.
Their house is on the corner of the street.

colère nom féminin
être en colère **to be angry**

combien adverbe
1. **how much**

Combien coûtent ces bonbons ?
How much do these sweets cost?

2. combien de **how much, how many**

Combien as-tu d'argent ?
How much money have you got?

Combien y a-t-il d'enfants ici ?
How many children are there here?

On emploie "how much" quand on parle d'une quantité de choses que l'on ne peut pas compter et "how many" quand on parle d'une quantité de choses que l'on peut compter.

comme
conjonction
1. **as**

Comme il fait beau, je vais sortir.
As the weather is fine, I'm going to go out.

2. Quand on fait une comparaison : **like**

Bill n'est pas comme les autres chiens.
Bill isn't like other dogs.

adverbe **so**

Comme c'est joli ! It's so pretty!

commencer verbe **to begin** (began, begun), **to start**

comment adverbe **how**
Comment vas-tu ? How are you?

complet, complète adjectif **full**

compliqué, compliquée
adjectif **complicated**

comprendre verbe **to understand** (understood, understood)

compter verbe to count

concombre nom masculin cucumber

concours nom masculin contest
Qui a gagné le concours de chant ?
Who won the singing contest?

conduire verbe
1. **to drive** (drove, driven)
Elle conduit bien. She drives well.
2. se conduire **to behave**
Tu t'es mal conduit. You behaved badly.

confiture nom féminin jam
De la confiture de fraises. Strawberry jam.
En américain, on dit aussi "jelly".

connaître verbe to know
(knew, known)

– *Je ne connais pas la réponse.*
– I don't **know** the answer.

construire verbe to build
(built, built)

conte nom masculin
1. **tale**
2. conte de fées **fairy tale**

content, contente adjectif happy

continuer verbe to carry on
Continue, c'est bien ! Carry on, it's good!
Il y a du bruit mais Bill continue à dormir.
It's noisy but Bill carries on sleeping.

contraire nom masculin opposite
"Plein" est le contraire de "vide".
"Full" is the opposite of "empty".

contre préposition
1. **against**
Le vélo est contre le mur.
The bike is against the wall.
2. par contre **on the other hand**

contrôle nom masculin
En parlant de l'interrogation écrite : **test**
Un contrôle de maths. A maths test.
En américain, on dit aussi "quiz".

copain, copine
noms masculin et féminin
1. **friend**
Pouf est son copain. Pouf is his friend.
2. copain de classe, copine de classe
classmate

Ses copains de classe sont étonnés.
His **classmates** are surprised.

coq nom masculin cock
En américain, on dit "rooster".

corps nom masculin **body**

Le pluriel de "body" est "bodies".

corriger verbe **to correct**

Tu dois corriger cette faute.
You must correct this mistake.

costume
nom masculin **suit**

Son costume est abîmé.
His suit is damaged.

côté nom masculin

1. En parlant de la partie de gauche ou de droite : **side**

Il habite de l'autre côté de la rue.
He lives on the other side of the street.

2. En parlant de la direction : **way**

De quel côté est partie Caroline ?
Which way did Caroline go?

3. à côté de **next to**

Assieds-toi à côté de moi. Sit next to me.

cou nom masculin **neck**

J'ai mal au cou. My neck hurts.

se coucher verbe **to go to bed** (went, gone), **to lie down** (lay, lain)

Va te coucher, Boule ! Go to bed, Boule!

coude nom masculin **elbow**

coudre verbe **to sew**
(sewed, sewn/sewed)

couleur nom féminin **colour**

En américain, on écrit "color".

coup nom masculin

1. donner un coup à quelqu'un
to hit somebody (hit, hit)

P'tit Louis a donné un coup à Boule.
P'tit Louis hit Boule.

2. donner un coup de pied à quelqu'un
to kick somebody

Bill donne un coup de pied au chien.
Bill's kicking the dog.

3. donner un coup de poing à quelqu'un
to punch somebody

Quelqu'un a donné un coup de poing à Bill.
Someone punched Bill.

4. prendre un coup de soleil
to get sunburned (got, got/gotten)

couper verbe

1. **to cut** (cut, cut)
2. se couper **to cut oneself**

Maman s'est coupée. Mum cut herself.

cour nom féminin

1. **yard**
2. cour de récréation **playground**

En américain, on dit "schoolyard".

courir verbe **to run** (ran, run)

course nom féminin

1. En parlant de l'épreuve sportive : **race**

Une course cycliste. A cycle race.

2. faire les courses **to do the shopping**

court, courte adjectif **short**

cousin, cousine
noms masculin et féminin **cousin**

couteau nom masculin **knife**
Le pluriel de "knife" est "knives".

coûter verbe **to cost** (cost, cost)
Combien ça coûte ? How much does it cost?
Ça coûte dix euros. It costs ten euros.

couvrir verbe **to cover**
Je dois couvrir mes livres.
I have to cover my books.

craie nom féminin **chalk**

crayon nom masculin **pencil**
Écris au crayon. Write in pencil.

crier verbe **to shout**
Ne crie pas si fort ! Don't shout so loudly!

crocodile nom masculin **crocodile**

croire verbe **to believe**
Je ne te crois pas, tu mens !
I don't believe you, you're lying!

cru, crue adjectif **raw**
Des légumes crus. Raw vegetables.

cueillir verbe **to pick**

cuillère, cuiller nom féminin
1. **spoon**
2. cuillère à soupe **tablespoon**
3. petite cuillère **teaspoon**

cuire verbe
1. **to cook**
La soupe est en train de cuire.
The soup is cooking.
2. faire cuire quelque chose
to cook something
Il fait cuire du bifteck. He's cooking steak.

cuisine nom féminin
1. En parlant de la pièce : **kitchen**
2. faire la cuisine **to cook**
Boule sait faire la cuisine. Boule can cook.

On ne veut pas de Bill dans la cuisine.
Nobody wants Bill in the kitchen.

dame nom féminin **lady**

Le pluriel de "lady" est "ladies".

– *Dis bonjour à la dame.*
– Say hello to the **lady**.

dangereux, dangereuse

adjectif **dangerous**

dans préposition

1. En parlant d'un lieu où l'on est : **in**

Bill est dans sa niche. Bill is in his kennel.

2. En parlant d'un lieu où l'on va : **into**

N'entre pas dans ma chambre !
Don't go into my room!

3. En parlant d'un délai, d'un moment : **in**

Il aura huit ans dans trois mois.
He will be eight years old in three months.

danser verbe **to dance**

Attention : le mot anglais "dance" s'écrit avec un "c" et non un "s".

date nom féminin **date**

Quelle est ta date de naissance ?
What is your date of birth?

de, d', du, des

préposition

1. En parlant de l'origine ou du point de départ : **from**

Ces chiens viennent d'Angleterre.
These dogs come from England.

2. En parlant de l'âge ou des dimensions, on ne traduit pas "de" :

Un garçon de six ans. A six-year-old boy.

Une pièce de dix mètres de long.
A room ten metres long.

article

1. En parlant d'une quantité de quelque chose : **some**

J'ai du chocolat. I have some chocolate.

2. Dans les phrases négatives : **any**

Il n'y a pas d'os dans la niche de Bill.
There aren't any bones in Bill's kennel.

3. Dans les phrases interrogatives, on ne traduit pas "de" :

Est-ce que tu as de l'argent ?
Do you have money?

L'APPARTENANCE

Quand **de** indique qu'un objet appartient à quelqu'un, on ajoute **'s** après le nom de la personne :

Le cartable de Boule.
Boule's schoolbag.

Quand il s'agit d'une chose et non d'une personne, on utilise **of** :

Le toit de la maison.
The roof of the house.

debout adverbe

1. En parlant de la position: **standing**

Il est debout près de la porte.
He's standing near the door.

2. Pour dire que l'on n'est pas au lit: **up**

Tu es déjà debout ? Are you up already?

3. se mettre debout
to stand up
(stood, stood)

début nom masculin **beginning**

décembre nom masculin **December**

Attention: les noms de mois prennent toujours une majuscule.

décider verbe **to decide**

dedans adverbe **inside**

dehors adverbe **outside**

déjà adverbe **already**

Il est déjà trois heures.
It's already three o'clock.

déjeuner

nom masculin **lunch**

Le pluriel de "lunch" est "lunches".

verbe

1. En parlant du repas du matin: **to have breakfast** (had, had)
2. En parlant du repas de midi: **to have lunch** (had, had)

demain adverbe **tomorrow**

demander verbe

1. Demander quelque chose à quelqu'un: **to ask somebody for something**

Pouf a demandé un bonbon à Boule.
Pouf asked Boule for a sweet.

2. Demander à quelqu'un de faire quelque chose: **to ask somebody to do something**

Elle lui a demandé de ranger sa chambre.
She asked him to tidy his bedroom.

3. se demander **to wonder**

Je me demande où est Bill.
I wonder where Bill is.

dent nom féminin **tooth**

Le pluriel de "tooth" est "teeth".

– J'ai perdu une dent.
– I have lost a **tooth**.

dentifrice nom masculin **toothpaste**

dentiste nom masculin et féminin
dentist

se dépêcher verbe **to hurry up**
Dépêche-toi, Bill, on est en retard !
Hurry up, Bill, we're late!

dépenser verbe **to spend**
(spent, spent)
Ils ont dépensé cent euros.
They spent a hundred euros.

depuis préposition
1. Suivi d'un moment précis : **since**
Nous habitons ici depuis 1999.
We have lived here since 1999.
2. Suivi d'une durée : **for**
Nous habitons ici depuis deux ans.
We have lived here for two years.
Attention : on utilise un temps passé.

dernier, dernière adjectif **last**
Nous avons pris le dernier train.
We took the last train.

derrière
préposition **behind**
Il se cache derrière un mur.
He's hiding behind a wall.
nom masculin
bottom, behind

Pouf est tombé sur le derrière.
Pouf fell on his bottom.

des → de, un

descendre verbe
1. Quand la personne qui parle est en haut :
to go down (went, gone)
Descends acheter du pain, s'il te plaît !
Go down and buy some bread, please!
2. Quand la personne qui parle est en bas :
to come down (came, come)
Descends me voir !
Come down and see me!

désolé, désolée adjectif **sorry**

– Désolé, Bill, nous devons te laver.
– Sorry, Bill, we have to wash you.

dessert nom masculin **dessert**

dessin animé nom masculin **cartoon**

dessiner verbe **to draw**
(drew, drawn)

dessous
adverbe dessous, au-dessous
underneath
Regarde ce caillou. L'os de Bill est dessous.
Look at this stone. Bill's bone is underneath.
nom masculin **bottom**
Le dessous du bureau est sale.
The bottom of the desk is dirty.

dessus

adverbe

1. S'il s'agit d'une seule chose : **on it**.
S'il s'agit de plusieurs choses : **on them**.

Voici mes livres, mon nom est dessus.
Here are my books, my name is on them.

2. au-dessus **above**

nom masculin **top**

Le dessus de la table est abîmé.
The top of the table is damaged.

détester
verbe **to hate**

devant
préposition **in front of**

Il y a un arbre devant la maison.
There is a tree in front of the house.

devenir
verbe **to become**
(became, become)

deviner
verbe **to guess**

devoir
verbe

1. Pour dire qu'on est obligé de faire quelque chose : **must, to have to** (had, had)

– Tu dois me rendre mon gâteau !
– You must give me my cake back!

Tu dois faire cet exercice pour demain.
You have to do this exercise for tomorrow.

2. Pour dire que quelque chose est probable : **must**

Tu dois être fatigué. You must be tired.

3. En parlant d'une somme d'argent : **to owe**

Je te dois un euro. I owe you one euro.

devoirs
nom masculin pluriel **homework**

Boule a beaucoup de devoirs pour lundi.
Boule has a lot of homework for Monday.

Attention : "homework" est toujours au singulier.

différence
nom féminin **difference**

difficile
adjectif **difficult**

dimanche
nom masculin **Sunday**

Attention : les noms de jours prennent toujours une majuscule.

dîner

nom masculin **dinner**

verbe **to have dinner** (had, had)

dire
verbe **to say** (said, said)

Qu'est-ce qu'elle dit ?
What is she saying?

Grégory m'a dit que ce n'était pas vrai.
Gregory said to me that it wasn't true.

Dans le cas où l'on s'adresse à quelqu'un en particulier, on peut aussi employer le verbe "to tell" (told, told) : Gregory told me that it wasn't true.

se disputer
verbe **to fight**
(fought, fought)

Ils se disputent tout le temps.
They fight all the time.

disque nom masculin
1. En parlant de musique : **record**
2. disque dur **hard disk**

docteur nom masculin **doctor**

doigt nom masculin
1. **finger**
2. doigt de pied **toe**

donner verbe **to give** (gave, given)

dormir verbe **to sleep** (slept, slept)

dos nom masculin **back**

se doucher verbe
to have a shower (had, had)
En américain, on dit "to take a shower" (took, taken).

doux, douce adjectif
1. En parlant d'un tissu, de la peau : **soft**
2. En parlant de quelqu'un de gentil : **gentle**

droit, droite
adjectif
1. Pour dire le contraire de "tordu" : **straight**
Tiens-toi droit ! Stand straight!
2. Pour dire le contraire de "gauche" : **right**
Le côté droit. The right side.
nom masculin
En parlant de l'autorisation : **right**
Tu n'as pas le droit de faire ça ! You have no right to do that!
nom féminin
Pour dire le contraire de "gauche" : **right**
C'est à ta droite. It's on your right.

drôle adjectif **funny**
C'est une histoire drôle. It's a funny story.

du → **de**

dur, dure adjectif **hard**
Cet os est très dur. This bone is very hard.

durer verbe **to last**
Ça ne va pas durer. It won't last.

Caroline dort.
Caroline is **sleeping**.

– Tu ne dois pas rester sur le dos.
– You mustn't stay on your **back**.

– C'est vraiment dur de dormir ici !
– It's really **hard** to sleep here!

Ee

eau nom féminin **water**

De l'eau minérale. Mineral water.

– Mon os est dans l'eau !
– My bone is in the **water**!

écharpe nom féminin **scarf**

Le pluriel de "scarf" est "scarves".

école nom féminin **school**

Boule va à l'école avec Pouf.
Boule goes to school with Pouf.

écouter verbe **to listen to**

Écoute les oiseaux qui chantent.
Listen to the birds singing.

écrire verbe **to write** (wrote, written)

écureuil nom masculin **squirrel**

église nom féminin **church**

Ils vont à l'église tous les dimanches.
They go to church every Sunday.
Le pluriel de "church" est "churches".

éléphant nom masculin **elephant**

élève nom masculin et féminin **pupil**

elle pronom

1. Quand "elle" est sujet et qu'il s'agit d'une personne ou d'un animal familier : **she**

Caroline est à la maison, elle dort.
Caroline is at home, she's sleeping.

2. Quand "elle" est sujet et qu'il s'agit d'une chose ou d'un animal inconnu : **it**

– Où est la voiture ? – Elle est dehors.
– Where is the car? – It's outside.

3. Quand "elle" est complément et qu'il s'agit d'une personne ou d'un animal familier : **her**

Ce chapeau est pour elle. This hat is for her.

elles pronom

1. Quand "elles" est sujet : **they**

Elles habitent là. They live there.

2. Quand "elles" est complément : **them**

C'est pour elles. It's for them.

embrasser verbe **to kiss**

Papa embrasse maman.
Dad is **kissing** mum.

emmener verbe to take (took, taken)

Emmène Bill avec toi ! Take Bill with you!

empêcher verbe to prevent from

Attention : “to prevent from” est toujours suivi de la forme en “-ing”.

Il faut empêcher Bill de trop manger.
We must prevent Bill from eating too much.

emporter verbe to take (took, taken)

– Qui a emporté les ballons ?
– Who **took** the balls?

emprunter verbe to borrow

encore adverbe

1. Pour dire “toujours” : **still**

Il est encore au lit. He’s still in bed.

2. Pour dire “de nouveau” : **again**

Quoi ? Tu t’es encore battu ?
What? You have been fighting again?

3. Pour faire une comparaison : **even**

Bill est encore plus gros qu’avant.
Bill is even fatter than before.

4. pas encore **not yet**

Le film n’a pas encore commencé.
The film hasn’t begun yet.

endroit nom masculin

1. En parlant du lieu : **place**

C’est un bel endroit. It’s a nice place.

2. À quel endroit… ? **Where… ?**

À quel endroit l’os de Bill est-il caché ?
Where is Bill’s bone hidden?

3. à l’endroit **the right way round**

En américain, on dit “the right way around”.

en

DES TRADUCTIONS TRÈS DIVERSES

• Quand **en** est préposition, il se traduit :

1. Par in, si l’on parle de l’endroit où l’on est ou de la date :

J’habite en France. I live in France.

L’école commence en septembre.
School starts in September.

2. Par to, si l’on parle de l’endroit où l’on va :

Ils vont en vacances en Angleterre.
They’re going on holiday to England.

3. De différentes façons, quand il est suivi d’un participe présent :

Elle chante en travaillant.
She’s singing as she works.
Il est parti en courant. He ran off.

• Quand **en** est pronom :

1. S’il remplace un nom, il se traduit par some dans les phrases affirmatives et par any dans les phrases interrogatives ou négatives :

- Tu as des os ? - Oui, j’en ai. En veux-tu ?
- Non, je n’en veux pas.
- Do you have bones? - Yes, I have some.
Do you want any? - No, I don’t want any.

2. S’il est complément d’objet indirect, la traduction varie selon la préposition du verbe employé en anglais :

Qu’en penses-tu ? What do you think of it?
Les os ? Bill en rêve la nuit.
Bones? Bill dreams about them at night.

enfant nom masculin et féminin **child**
Le pluriel de "child" est "children".

enfermer verbe **to lock up**

Ils sont enfermés dans la maison.
They are **locked up** in the house.

enfin adverbe
Pour dire "finalement" : **at last**
Ah, enfin, tu es là ! Ah, at last, you're here!

enlever verbe
1. Pour dire "ôter" : **to remove**
Enlève cet os de là, Bill.
Remove this bone from there, Bill.
2. En parlant des vêtements : **to take off** (took, taken)
J'enlève ma veste, j'ai chaud.
I'm taking my jacket off, I'm hot.

ensemble adverbe **together**
Boule et Bill sont toujours ensemble.
Boule and Bill are always together.

entendre verbe
1. **to hear** (heard, heard)
Tu entends ce bruit ?
Can you hear that noise?
2. s'entendre **to get on** (got, got/gotten)
Boule et Pouf s'entendent très bien.
Boule and Pouf get on very well.

entre préposition **between**

entrer verbe
1. Quand la personne qui parle est dehors : **to go in** (went, gone)
Entre, je te suis. Go in, I'll follow you.
2. Quand la personne qui parle est dedans : **to come in** (came, come)
Entrez, c'est ouvert ! Come in, it's open!

envie nom féminin
avoir envie de faire quelque chose **to feel like doing something** (felt, felt)
Je n'ai pas envie de faire mes devoirs.
I don't feel like doing my homework.

environ adverbe **about, around**

Il y a environ cinquante personnes.
There are **about** fifty people.

envoyer verbe **to send** (sent, sent)

épais, épaisse adjectif **thick**

épaule nom féminin **shoulder**

épicerie nom féminin **grocer's**

épicier, épicière
noms masculin et féminin **grocer**

équitation nom féminin
1. **riding, horse-riding**
2. faire de l'équitation **to go riding, to go horse-riding** (went, gone)
En américain, on dit "horseback riding".

escalier nom masculin **stairs**
Attention : "stairs" s'emploie toujours au pluriel.

Il est tombé dans l'escalier.
He fell down the **stairs**.

espérer verbe **to hope**

essayer verbe **to try**

essence nom féminin **petrol**
En américain, on dit "gas" ou "gasoline".

est-ce que adverbe
Se traduit par la forme interrogative :
Est-ce que tu es fatiguée ? Are you tired?
Est-ce que tu le vois ? Do you see him?

et préposition **and**

étage nom masculin **floor**

été nom masculin **summer**

éteindre verbe
1. En parlant d'un feu ou d'une bougie : **to put out** (put, put)
2. En parlant d'un appareil électrique ou de la lumière : **to switch off**
Éteins la télé. Switch the TV off.

étoile nom féminin **star**

étonné, étonnée adjectif
surprised

être verbe **to be** (was/were, been)
Bill est un cocker. Bill is a cocker spaniel.
Je serai bientôt prêt. I will be ready soon.

Quand c'est un auxiliaire

- Lorsque **être** sert à former le passé composé, il se traduit par :

1. To have si l'action n'est pas encore terminée :
Elle n'est pas encore partie.
She hasn't left yet.

2. Le prétérit si l'action est complètement terminée :
Boule s'est levé à sept heures.
Boule got up at seven o'clock.

- Lorsque **être** sert à former le plus-que-parfait, il se traduit par : to have
J'étais parti tôt.
I had left early.

étudier verbe to study

eux pronom

1. Quand "eux" est sujet : **they**

Nous parlons anglais, eux pas.
We speak English, they don't.

2. Quand "eux" est complément : **them**

Ce cadeau est pour eux.
This present is for them.

examen nom masculin exam

Attention : "passer un examen" se dit "to take an exam". "To pass an exam" signifie "réussir un examen".

excuser verbe

1. "Excusez-moi" se traduit par **I'm sorry** pour dire que l'on est désolé ; par **excuse me** pour attirer l'attention de quelqu'un :

Oh, excusez-moi, je vous ai fait mal ?
Oh, I'm sorry, did I hurt you?

Excusez-moi, où se trouve la piscine ?
Excuse me, where is the swimming pool?

2. s'excuser **to apologize**

exemple nom masculin

1. **example**

Donne-moi un exemple.
Give me an example.

Attention : le mot anglais "example" s'écrit avec un "a" et non un "e".

2. par exemple **for example, for instance**

Les chiens, par exemple les cockers…
Dogs, for instance cocker spaniels…

exercice nom masculin exercise

Attention : le mot anglais "exercise" s'écrit avec un "s" et non un "c".

expliquer verbe to explain

extérieur nom masculin

1. **outside**

Papa peint l'extérieur de la maison.
Dad is painting the outside of the house.

2. à l'extérieur **outside**

On l'attendait à l'extérieur !
They were waiting for him **outside**!

F f

fabriquer verbe **to make**
(made, made)
Fabriqué en France. Made in France.

se fâcher verbe **to get angry**
(got, got/gotten)

facile adjectif **easy**

facteur nom masculin **postman**
Le pluriel de "postman" est "postmen".
En américain, on dit "mailman", au pluriel "mailmen".

faim nom féminin
avoir faim **to be hungry** (was/were, been)
Bill a toujours faim ! Bill is always hungry!

faire verbe
1. Pour dire "fabriquer" : **to make**
(made, made)
2. Quand on parle d'une activité : **to do**
(did, done)

falloir verbe
1. Il faut que... **sujet + must...**
Il faut que tu travailles plus !
You must work more!
2. Pour dire "avoir besoin" : **to need**
Il me faut un kilo de poires.
I need a kilo of pears.
Il nous faut de l'argent. We need money.

famille nom féminin **family**
Le pluriel de "family" est "families".

fatigué, fatiguée adjectif **tired**

Bill est fatigué, il a trop couru !
Bill is **tired**, he has been running too much!

faute nom féminin **mistake**

fauteuil nom masculin **armchair**

faux, fausse adjectif
En parlant de ce qui n'est pas exact : **wrong**

femme nom féminin
1. **woman**
Une femme charmante. A nice woman.
Le pluriel de "woman" est "women".
2. En parlant de l'épouse de quelqu'un: **wife**
Le pluriel de "wife" est "wives".

fenêtre nom féminin **window**

ferme nom féminin **farm**

fermer verbe **to close, to shut**
(shut, shut)
Ferme la porte. Close/Shut the door.

fête nom féminin
1. En parlant d'une réception: **party**
Le pluriel de "party" est "parties".
2. fête foraine **funfair**
En américain, on dit "amusement park".

Boule aime les fêtes foraines.
Boule likes funfairs.

feu nom masculin
1. En parlant des flammes: **fire**
Il y a du feu dans la cheminée.
There is a fire in the fireplace.
2. Sur la route: **lights**
Le feu est rouge. The lights are red.
Attention: dans ce sens, "lights" est toujours au pluriel.

feuille nom féminin
1. En parlant des arbres: **leaf**
Les feuilles mortes tombent.
Dead leaves are falling.
Le pluriel de "leaf" est "leaves".
2. En parlant du papier: **sheet**

février nom masculin **February**
Attention: les noms de mois prennent toujours une majuscule.

fille nom féminin
1. **girl**
Je ne connais pas cette fille.
I don't know this girl.
2. Dans une famille: **daughter**
C'est la fille de monsieur Durand.
She's Mr Durand's daughter.

film nom masculin **film**
Un film d'aventures. An adventure film.
En américain, on dit aussi "movie".

fils nom masculin **son**
C'est le fils de monsieur Morris.
He's Mr Morris's son.

fin, fine adjectif **thin**

fin nom féminin **end**

La fin du film est trop triste.
The end of the film is too sad.

finir verbe **to finish**

Boule a fini ses devoirs. Boule has finished his homework.

L'école finit en juin. School finishes in June.

fleur nom féminin **flower**

fleuve nom masculin **river**

La Seine est un fleuve. The Seine is a river.

fois nom féminin

1. **time**

Je te l'ai dit quatre fois. I told you that four times.

Attention: "une fois" se dit "once"; "deux fois" se dit "twice".

2. à la fois **at the same time**

folle → fou

foncé, foncée adjectif **dark**

Une couleur foncée. A dark colour.

football, foot nom masculin **football**

En américain, on dit "soccer".

Le match de foot est fini.
The **football** match is over.

forêt nom féminin **forest**

fort, forte

adjectif

1. En parlant de la force physique, d'un aliment ou d'une boisson: **strong**

– *Regardez comme je suis forte !*
– Look how **strong** I am!

2. En parlant d'un bruit, de la voix: **loud**

Il a une voix forte. He has a loud voice.

3. être fort en quelque chose **to be good at something**

Je suis fort en maths. I'm good at maths.

adverbe

En parlant d'un son: **loudly**

Ne parle pas si fort ! Don't speak so loudly!

fou, folle adjectif **mad**

– *Qu'est-ce que tu fais, Bill ? Tu es fou !*
– What are you doing, Bill? You're **mad**!

foule nom féminin **crowd**

Ils se sont perdus dans la foule. They got lost in the crowd.

four nom masculin **oven**

fourchette nom féminin **fork**

frais, fraîche adjectif
En parlant de la température : **cool**
Il fait frais aujourd'hui. It's cool today.
Une boisson fraîche. A cool drink.

fraise nom féminin **strawberry**
Le pluriel de "strawberry" est "strawberries".

framboise nom féminin **raspberry**
Le pluriel de "raspberry" est "raspberries".

frapper verbe
1. En parlant d'une bagarre : **to hit** (hit, hit)
Pouf a frappé Boule. Pouf hit Boule.
2. Pour dire "entrer" : **to knock**
Quelqu'un a frappé à la porte.
Somebody knocked on the door.

frère nom masculin **brother**

froid, froide adjectif
1. **cold**
Brrr, l'eau est froide !
Brrr, the water is cold!
Ne sors pas, il fait froid aujourd'hui.
Don't go out, it's cold today.
2. avoir froid **to be cold** (was/were, been)
Tu as froid, Bill ? Are you cold, Bill?

fromage nom masculin **cheese**

fruit nom masculin
1. un fruit **a piece of fruit**
Veux-tu un fruit ?
Do you want a piece of fruit?
2. des fruits **fruit**
Les fruits sont excellents ici.
Fruit is excellent here.
Attention : "fruit" ne prend pas de "s" au pluriel et est suivi d'un verbe au singulier.

fumer verbe **to smoke**

– Tu t'es encore endormi en fumant !
– Once again, you fell asleep **smoking**!

Gg Hh

gagner verbe
1. En parlant d'un match, d'un jeu : **to win** (won, won)
Nous avons gagné le match.
We won the match.
2. En parlant d'argent : **to earn**
Elle gagne deux mille euros par mois.
She earns two thousand euros per month.

gai, gaie adjectif **cheerful**

gant nom masculin **glove**

Bill a mis ses gants. Bill put his **gloves** on.

garage nom masculin **garage**

garçon nom masculin **boy**

garder verbe
1. Pour dire "conserver" : **to keep** (kept, kept)
Tu peux garder cet os, Bill. Il est pour toi.
You can keep this bone, Bill. It's for you.
2. Pour dire "surveiller" : **to look after**
Bill garde la maison.
Bill is looking after the house.

gare nom féminin **station**

gâteau nom masculin **cake**

gauche
- adjectif **left**
Le côté gauche. The left side.
- nom féminin **left**
Tournez à gauche. Turn left.

genou nom masculin **knee**

gens nom masculin pluriel **people**
Attention : "people" s'utilise toujours avec un verbe au pluriel.

Ces gens sont en colère.
These **people** are angry.

gentil, gentille adjectif **nice**
Ce chien est très gentil.
This dog is very nice.

géographie nom féminin **geography**

girafe nom féminin **giraffe**
Attention : le mot anglais "giraffe" prend deux "f".

glace nom féminin
1. En parlant d'eau gelée : **ice**
Ils patinent sur la glace.
They're skating on the ice.
2. En parlant du dessert : **ice cream**

– Ma glace au chocolat !
– My chocolate **ice cream**!

3. En parlant du miroir : **mirror**
Elle se regarde dans la glace.
She's looking at herself in the mirror.

gomme nom féminin **rubber, eraser**

gorge nom féminin **throat**

grand, grande adjectif
1. En parlant de la taille d'une personne : **tall**
P'tit Louis est plus grand que Boule.
P'tit Louis is taller than Boule.
2. En parlant de la taille d'une chose ou d'un animal, en parlant de l'âge : **big**
Ce chien est très grand. This dog is very big.
Quand je serai grand… When I'm big…
3. grand frère **big brother**
4. grande sœur **big sister**

grand-mère nom féminin
grandmother

grand-père nom masculin
grandfather

gratuit, gratuite adjectif **free**
Un journal gratuit. A free newspaper.

grave adjectif
1. **serious**
C'est une faute grave. It's a serious mistake.
2. Ce n'est pas grave. **It doesn't matter.**
– Oh, pardon ! – Ce n'est pas grave.
– Oh, I'm sorry! – It doesn't matter.

grenouille nom féminin **frog**

grimace nom féminin
faire des grimaces à quelqu'un **to make faces at somebody** (made, made)

Il lui fait des grimaces.
He's **making faces at** her.

gris, grise adjectif **grey**
Le ciel est gris. The sky is grey.
En américain, on écrit "gray".

gronder verbe **to tell off** (told, told)
Papa gronde Bill. Dad is telling Bill off.

gros, grosse adjectif

1. En parlant d'une chose : **big**

2. En parlant d'une personne, d'un animal : **fat**

Bill a trouvé un très gros os.
Bill found a very big bone.

guêpe nom féminin **wasp**

guerre nom féminin **war**

gymnastique nom féminin

gymnastics

Elle aime faire de la gymnastique.
She likes doing gymnastics.

s'habiller verbe **to get dressed**

(got, got/gotten)

Habille-toi vite, on s'en va !
Get dressed quickly, we're going!

habiter verbe **to live**

– Où habites-tu ? – J'habite à Londres.
– Where do you live? – I live in London.

habits nom masculin pluriel **clothes**

Ses habits sont très sales.
His clothes are very dirty.

hamster nom masculin **hamster**

haricot nom masculin **bean**

haut, haute

adjectif **high**

Cet arbre est très haut.
This tree is very high.

Il fait dix mètres de haut.
It's ten metres high.

adverbe

1. en haut
at the top

Le chat est en haut de l'arbre.
The cat is at the top of the tree.

2. de haut en bas
from top to bottom

herbe nom féminin **grass**

Le père de Boule coupe l'herbe.
Boule's father is cutting the grass.

heure nom féminin

1. En parlant d'une durée de 60 minutes: **hour**
Ça dure deux heures. It lasts for two hours.
2. En parlant d'un moment de la journée: **time**
Quelle heure est-il ? What time is it?
3. à l'heure **on time**
Il est arrivé à l'heure. He arrived on time.

heureux, heureuse adjectif

happy

hier adverbe **yesterday**

Elle est venue hier. She came yesterday.

hippopotame nom masculin

hippo, hippopotamus

histoire nom féminin

1. En parlant d'un récit: **story**
Boule lit une histoire de pirates.
Boule is reading a story about pirates.
Le pluriel de "story" est "stories".
2. En parlant de la matière scolaire: **history**
Pouf a eu une mauvaise note en histoire.
Pouf got a bad mark in history.

hiver nom masculin **winter**

homme nom masculin **man**

Le pluriel de "man" est "men".

honnête adjectif **honest**

hôpital nom masculin **hospital**

Il a eu un accident. Il est à l'hôpital.
He had an accident. He's in hospital.
En américain, on dit "in the hospital".

huile nom féminin **oil**

humeur nom féminin

1. **mood**
2. être de bonne/mauvaise humeur **to be in a good/bad mood** (was/were, been)
Boule est de bonne humeur parce qu'il est en vacances. Boule is in a good mood because he's on holiday.

Bill est de très mauvaise humeur.
Bill **is in a very bad mood.**

IJK ijk

ici adverbe **here**

– Où es-tu, Boule ? – Ici !
– Where are you, Boule? – Here!

il pronom

1. Quand il s'agit d'une personne ou d'un animal familier : he

Bill n'a pas faim, il doit être malade.
Bill isn't hungry, he must be ill.

2. Quand il s'agit d'une chose ou d'un animal inconnu : it

Ce vélo n'est pas à Boule, il est à Pouf.
This bike isn't Boule's, it's Pouf's.

3. Avec un verbe impersonnel : it

Il pleut. It's raining.

île nom féminin **island**

ils pronom **they**

Ils se disputent.
They are fighting.

il y a

1. Quand il s'agit de choses ou de personnes : there + to be (was/were, been)

Il y a un chien. There is a dog.

Il n'y a pas de chats. There are no cats.

Il y avait beaucoup de vent.
There was a lot of wind.

Il y avait des fautes.
There were mistakes.

Il y aura du poulet pour le déjeuner.
There will be chicken for lunch.

Il y aura beaucoup de gens.
There will be a lot of people.

2. Quand il s'agit d'une période : ago

Ça s'est passé il y a deux jours.
It happened two days ago.

image nom féminin **picture**

Un livre avec des images.
A book with pictures.

immense adjectif **huge**

immeuble nom masculin **building**

impossible adjectif **impossible**

Il est presque impossible de laver Bill !
It's almost impossible to wash Bill!

informations nom féminin pluriel

En parlant des actualités : news

Papa regarde les informations.
Dad is watching the news.

informatique nom féminin
computing, computers
Il est bon en informatique.
He's good at computers.

intelligent, intelligente
adjectif **intelligent, clever**

interdire verbe **to forbid**
(forbade, forbidden)
Ses parents lui ont interdit de sortir.
His parents have forbidden him to go out.

interdit, interdite adjectif
forbidden
Il est interdit de marcher sur l'herbe.
It's forbidden to walk on the grass.

interroger verbe
À l'école : to test
Le maître a interrogé Axel.
The teacher tested Axel.

inviter verbe **to invite**

jamais adverbe **never**
Bill ne veut jamais se laver.
Bill never wants to wash.

jambe nom féminin **leg**

jambon nom masculin **ham**

janvier nom masculin **January**
Attention : les noms de mois prennent toujours une majuscule.

jardin nom masculin
1. **garden**
En américain, on dit "yard".

Papa et Bill sont dans le jardin.
Dad and Bill are in the **garden**.

2. **jardin public park**

jaune adjectif et nom masculin **yellow**
Une fleur jaune. A yellow flower.
Ma couleur préférée est le jaune.
My favourite colour is yellow.

je, j' pronom **I**
Je crois que c'est vrai. I think that it's true.
J'habite à Lille. I live in Lille.

jean nom masculin **jeans**
Ce jean est trop grand.
These jeans are too big.
Attention : on utilise toujours "jeans" au pluriel.

jeter verbe

1. **to throw** (threw, thrown)

Boule jette la balle à Bill.
Boule throws the ball to Bill.

2. jeter à la poubelle **to throw away**

Qui a jeté mon os à la poubelle ?
Who threw my bone away?

jeu nom masculin **game**

C'est un jeu très amusant.
This game's a lot of fun.

jeudi nom masculin **Thursday**

Attention : les noms de jours prennent toujours une majuscule.

jeune

adjectif **young**

Boule et Bill sont jeunes.
Boule and Bill are young.

nom masculin pluriel
les jeunes **young people**

C'est un film pour les jeunes.
It's a film for young people.

joli, jolie adjectif **pretty**

Quel joli chien ! What a pretty dog!

joue nom féminin **cheek**

jouer verbe

1. En parlant de jeux, de sports, d'instruments de musique : **to play**

Il joue au foot. He's playing football.

Je sais jouer du piano. I can play the piano.

– Je ne veux plus jouer avec toi.
– I don't want to play with you anymore.

2. En parlant d'un acteur : **to act**

Il a joué dans beaucoup de films.
He has acted in a lot of films.

jouet nom masculin **toy**

jour nom masculin **day**

Ils sont partis il y a trois jours.
They left three days ago.

journal nom masculin **newspaper**

Maman lit le journal.
Mum's reading the newspaper.

juillet nom masculin **July**

Attention : les noms de mois prennent toujours une majuscule.

juin nom masculin **June**

Attention : les noms de mois prennent toujours une majuscule.

jupe nom féminin **skirt**

jus nom masculin **juice**

Du jus d'orange. Some orange juice.

jusqu'à préposition

1. En parlant du temps : **until**

Vous pouvez jouer jusqu'à six heures.
You can play until six o'clock.

2. En parlant de l'endroit : **as far as**

On a marché jusqu'au bout de la rue.
We walked as far as the end of the street.

kangourou nom masculin **kangaroo**

kilo, kilogramme nom masculin
kilo, kilogram

kilomètre nom masculin **kilometre**

L'école est à un kilomètre d'ici.
The school is one kilometre from here.

En américain, on écrit "kilometer".

juste

adjectif

1. Pour dire "exact" : **right**

Ton exercice est juste.
Your exercise is right.

2. Pour dire "équitable" : **fair**

Ce n'est pas juste ! It's not fair!

3. Pour dire "étroit" : **tight**

Ces chaussures sont trop justes.
These shoes are too tight.

adverbe

1. Pour dire "à peine" : **just**

Je veux juste te parler deux minutes.
I just want to talk to you for two minutes.

2. Pour dire "exactement" : **exactly**

Il est six heures juste. It's exactly six o'clock.

3. Pour dire "à l'instant" : **just**

Ils viennent juste de partir.
They've just left.

– Je l'ai juste un peu mordu.
– I just bit it a little.

L

la → le

là adverbe
1. En parlant d'un endroit éloigné : **there**
2. Quand "là" veut dire "ici" : **here**
3. là-bas **over there**

lac nom masculin **lake**

laid, laide adjectif **ugly**

laisser verbe
1. Pour dire "ne pas prendre" ou "ne pas emmener" : **to leave** (left, left)
Laisse Bill à la maison.
Leave Bill at home.
2. Pour dire "permettre" :
to let (let, let)

– Laissez-moi manger mon os tranquille !
– **Let** me eat my bone in peace!

lait nom masculin **milk**
Un verre de lait. A glass of milk.

lampe nom féminin **lamp**

lancer verbe **to throw** (threw, thrown)
Boule a lancé la balle à Bill.
Boule threw the ball to Bill.

langue nom féminin
1. En parlant de la partie de la bouche : **tongue**
Il m'a tiré la langue.
He stuck his tongue out at me.
2. En parlant du langage : **language**
Elle parle plusieurs langues.
She speaks several languages.

lapin nom masculin **rabbit**

laquelle → lequel

large adjectif **wide**
Cette rue est très large.
This street is very wide.

larme nom féminin
tear

Boule et Bill sont en larmes.
Boule and Bill are in **tears**.

lavabo nom masculin **washbasin, sink**
En américain, on dit "washbowl".

laver verbe
1. to wash

Ils vont laver Bill.
They are going to wash Bill.

2. se laver to wash

Lave-toi les mains. Wash your hands.

le, la, l', les
article **the**

Le garçon, la fille, l'oncle, les parents.
The boy, the girl, the uncle, the parents.

pronom

1. Quand il s'agit d'une personne ou d'un animal familier : **her** au féminin et **him** au masculin.

C'est Caroline, la connais-tu ?
This is Caroline, do you know her?

C'est Bill, le reconnais-tu ?
This is Bill, do you recognize him?

2. Quand il s'agit d'une chose ou d'un animal inconnu : **it**

C'est ma maison ; tu la vois ?
This is my house; can you see it?

3. Quand il s'agit du pluriel : **them**

Les connais-tu ? Do you know them?

leçon nom féminin lesson

lecture nom féminin reading

léger, légère adjectif light
Mon cartable est léger aujourd'hui.
My schoolbag is light today.

légume nom masculin vegetable

lent, lente adjectif slow
Caroline est lente ! Caroline is slow!

lentement adverbe slowly

lequel, laquelle pronom which one
Lequel/Laquelle préfères-tu ?
Which one do you prefer?

les → le

lesquelles, lesquels pronom
which ones

Lesquelles/Lesquels veux-tu ?
Which ones do you want?

lessive nom féminin
1. En parlant de la poudre nettoyante : **washing powder**

En américain, on dit "detergent".

2. faire la lessive to do the washing

Maman fait la lessive.
Mum is doing the washing.

lettre nom féminin **letter**

leur, leurs

adjectif **their**

C'est leur maison. This is their house.

Leurs parents sont gentils.
Their parents are nice.

pronom **le leur, la leur, les leurs** **theirs**

Ce n'est pas notre voiture, c'est la leur.
This isn't our car, it's theirs.

lever verbe

1. **to raise**

Levez la main si vous voulez répondre.
Raise your hand if you want to answer.

2. **se lever**

Quand on est au lit : **to get up**
(got, got/gotten)

C'est l'heure de se lever !
It's time to **get up**!

Quand on est assis : **to stand up**
(stood, stood)

Levez-vous, les enfants ! Stand up, children!

lèvre nom féminin **lip**

librairie nom féminin **bookshop**

En américain, on dit "bookstore".

libre adjectif **free**

Es-tu libre lundi ? Are you free on Monday?

lion nom masculin **lion**

lire verbe **to read** (read, read)

Maman était en train de lire.
Mum was **reading**.

lit nom masculin **bed**

livre nom masculin **book**

loin adverbe

1. **far**

C'est encore loin ? Is it still far?

2. **plus loin** **further, farther**

C'est plus loin que je ne pensais.
It is further than I thought.

long, longue adjectif **long**

Bill a de longues oreilles.
Bill has got long ears.

longtemps adverbe

1. Dans les phrases affirmatives :
(for) a long time

Ça dure longtemps. It lasts a long time.

Il l'a cherché longtemps.
He looked for him for a long time.

2. Dans les phrases négatives : **(for) long**

Ça ne dure pas longtemps.
It doesn't last long.

louer verbe to rent

Ils louent une maison pour les vacances. They are renting a house for the holidays.

loup nom masculin wolf

Le pluriel de "wolf" est "wolves".

lourd, lourde adjectif heavy

Elle croit qu'elle est très lourde!
She thinks she is very heavy!

lui pronom

1. Quand "lui" est complément et qu'il s'agit d'un garçon, d'un homme ou d'un animal familier mâle: (to) him

Où est Boule ? Je veux lui parler.
Where is Boule? I want to talk to him.

2. Quand "lui" est complément et qu'il s'agit d'une fille, d'une femme ou d'un animal familier femelle: (to) her

Caroline est là-bas, donne-lui cette salade.
Caroline is over there, give her this salad.

3. Quand "lui" est complément et qu'il s'agit d'une chose ou d'un animal inconnu: it

Ce chien a soif, donnez-lui de l'eau.
This dog is thirsty, give it some water.

lumière nom féminin light

Allume la lumière. Switch the light on.

lundi nom masculin Monday

Nous avons un cours de maths lundi.
We have a maths lesson on Monday.

Attention: les noms de jours prennent toujours une majuscule.

lune nom féminin moon

La lune brille dans le ciel.
The moon is shining in the sky.

lunettes nom féminin pluriel

1. glasses

Madame Stick porte des lunettes.
Mrs Stick wears glasses.

2. lunettes de soleil sunglasses

Mm

ma → mon

machine *nom féminin* **machine**
Une machine à laver. A washing machine.

madame *nom féminin*
1. Devant le nom d'une personne : **Mrs**

Voici Madame Stick. This is Mrs Stick.

2. Quand on veut appeler la maîtresse : **Miss**

Madame, je peux sortir, s'il vous plaît ?
Miss, can I go out, please?

Quand on parle directement à quelqu'un, on ne traduit pas "madame" :
Bonjour, madame ! Hello!

mademoiselle *nom féminin* **Miss**
Mademoiselle Lépine a appelé.
Miss Lépine called.

Quand on parle directement à quelqu'un, on ne traduit pas "mademoiselle" :
Bonjour, mademoiselle ! Hello!

magasin *nom masculin* **shop**
En américain, on dit "store".

– Voici un magasin de vêtements.
– Here is a clothes **shop**.

magnétoscope *nom masculin*
video (recorder)

En américain, on dit "VCR".

mai *nom masculin* **May**
Attention : les noms de mois prennent toujours une majuscule.

maigre *adjectif* **thin**
Cette fille est très maigre.
This girl is very thin.

main *nom féminin* **hand**

– Regarde mes mains !
– Look at my **hands**!

maintenant *adverbe* **now**
Maintenant nous allons laver Bill !
Now we are going to wash Bill!

mais *conjonction* **but**
C'est l'été mais il pleut.
It's summer but it's raining.

maison nom féminin

1. En parlant du bâtiment : **house**

C'est la maison de Boule. It's Boule's house.

2. En parlant de son foyer : **home**

Je rentre à la maison ! I'm going home!

maître, maîtresse

noms masculin et féminin

1. En parlant du professeur : **teacher**

2. En parlant du propriétaire d'un animal : **master** au masculin, **mistress** au féminin.

Le pluriel de "mistress" est "mistresses".

mal adverbe

1. Pour dire que quelque chose n'est pas bien fait : **badly**

C'est mal dessiné. It's **badly** drawn.

2. faire mal **to hurt** (hurt, hurt)

Aïe, ça fait mal ! Ouch, it hurts!

3. "Avoir mal" se traduit de différentes façons :

J'ai mal. It hurts.

J'ai mal au bras. My arm hurts.

J'ai mal à la tête. I have a headache.

J'ai mal aux dents. I have toothache.

malade adjectif **ill**

Pouf n'est pas à l'école, il est malade.
Pouf isn't at school, he's ill.

malheureux, malheureuse

adjectif **unhappy**

maman nom féminin **mum**

Dans le langage familier, on dit aussi "mummy".
Le pluriel de "mummy" est "mummies".
En américain, on dit "mom" et "mommy".

manche nom féminin **sleeve**

Les manches de ma veste sont courtes.
The sleeves of my jacket are short.

manger verbe **to eat** (ate, eaten)

manquer verbe **to miss**

Ne manque pas ton train.
Don't miss your train.

Tu me manques. I miss you.

manteau nom masculin **coat**

marcher verbe

1. En parlant du mouvement : **to walk**

Caroline marche lentement.
Caroline walks slowly.

2. Pour dire "fonctionner" : **to work**

La voiture ne marche pas bien. The car isn't **working** well.

mardi nom masculin **Tuesday**
Attention : les noms de jours prennent toujours une majuscule.

mari nom masculin **husband**

marron
adjectif **brown**

Bill a rencontré un chien marron et blanc.
Bill met a **brown** and white dog.

nom masculin **chestnut**
Des marrons grillés. Roast chestnuts.

mars nom masculin **March**
Attention : les noms de mois prennent toujours une majuscule.

match nom masculin **match**
Le pluriel du mot anglais "match" est "matches".

mathématiques nom féminin pluriel
mathematics
"Mathematics" s'utilise toujours au singulier. "Maths" se dit "maths" en anglais britannique et "math" en américain.

matin nom masculin **morning**

mauvais, mauvaise
adjectif et adverbe **bad**
La soupe est mauvaise.
The soup is bad.

Ça sent mauvais !
It smells **bad**!

me, m' pronom
1. Quand "me" est différent du sujet : **me**
Arrête de me suivre. Stop following me.
2. Quand "me" et le sujet sont la même personne, soit "me" se traduit par **myself**, soit il ne se traduit pas :
Je me suis fait mal. I hurt myself.
Je me douche tous les matins.
I have a shower every morning.

méchant, méchante adjectif
nasty

médecin nom masculin **doctor**

meilleur, meilleure adjectif
1. Quand on compare deux choses ou deux personnes : **better**
Il est meilleur que Grégory en français.
He is better than Gregory at French.
2. Quand on compare plus de deux choses ou personnes : **best**
C'est la meilleure de la classe.
She is the best in the class.

même
adjectif **same**
J'ai le même stylo que toi.
I have the same pen as you.
adverbe **even**
Même Boule a eu une bonne note.
Even Boule got a good mark.

mentir verbe **to lie**

menton nom masculin **chin**

mer nom féminin

1. Quand on parle de l'eau : **sea**

La mer est bleue. The sea is blue.

2. Quand on parle de la côte, de la plage : **seaside**

Ils sont en vacances à la mer.
They are on holiday at the seaside.

merci exclamation **thank you**

Merci beaucoup ! Thank you very much!

mercredi nom masculin **Wednesday**

Attention : les noms de jours prennent toujours une majuscule.

mère nom féminin **mother**

mes → mon

métier nom masculin **job**

Quel est le métier du papa de Boule ?
What is Boule's dad's job?

mètre nom masculin **metre**

En américain, on écrit "meter".

mettre verbe

1. Pour dire "poser" : **to put** (put, put)

Bill ne sait plus où il a mis son os.
Bill doesn't know where he put his bone.

2. En parlant des vêtements : **to put on** (put, put)

Mets une veste, il fait froid.
Put a jacket on, it's cold.

midi nom masculin **twelve o'clock, midday, noon**

miel nom masculin **honey**

le mien, la mienne, les miens, les miennes

pronom **mine**

Ce n'est pas ton argent, c'est le mien !
It isn't your money, it's mine!

mieux adjectif et adverbe

1. **better**

Ton dessin est mieux que le mien.
Your drawing is better than mine.

Elle lit mieux maintenant.
She reads better now.

2. le mieux, la mieux, les mieux **the best**

C'est le chien le mieux habillé de la ville.
He is the best-dressed dog in the city.

milieu nom masculin **middle**

Il y a un arbre au milieu du jardin.
There is a tree in the middle of the garden.

minuit nom masculin **midnight**

minute nom féminin **minute**

Attends juste une minute !
Wait just a minute!

moi pronom

1. Quand "moi" est sujet : **I**

Moi, je pense que ce n'est pas vrai.
I think it isn't true.

2. Quand "moi" est complément : **me**

– Donnez-moi à manger !
– Give **me** something to eat!

moins adverbe

1. **less**

Ce chien est moins intelligent que Bill.
This dog is less intelligent than Bill.

2. le moins, la moins, les moins **the least**

C'est la fille la moins jolie de la classe.
She is the least pretty girl in the class.

3. Pour dire l'heure : **to**

Six heures moins dix. Ten to six.

En américain, on dit "of" : Ten of six.

mois nom masculin **month**

Le mois prochain. Next month.

moitié nom féminin **half**

Il m'a donné la moitié de son sandwich.
He gave me half of his sandwich.

Le pluriel de "half" est "halves".

mon, ma, mes adjectif **my**

Bill est mon ami. Bill is my friend.

monde nom masculin

1. En parlant de la Terre : **world**
2. En parlant de la foule : **people**

Il y a beaucoup de monde ici.
There are a lot of people here.

monnaie nom masculin **change**

As-tu la monnaie sur dix euros ?
Do you have change for ten euros?

monsieur nom masculin

1. Quand on parle d'un homme : **gentleman**

Demande à ce monsieur.
Ask this gentleman.

Le pluriel de "gentleman" est "gentlemen".

2. Devant le nom d'une personne : **Mr**

Le maître s'appelle Monsieur Morris.
The teacher's name is Mr Morris.

3. Quand on veut appeler le maître : **sir**

Monsieur, je peux sortir, s'il vous plaît ?
Sir, can I go out, please?

Quand on parle directement à quelqu'un, on ne traduit pas "monsieur".

– Bonjour, monsieur !
– **Hello**!

montagne nom féminin

1. Quand on parle d'un pic en particulier: **mountain**

Cette montagne est très haute.
This mountain is very high.

2. à la montagne **in the mountains**

Ils sont en vacances à la montagne.
They are on holiday in the mountains.

monter verbe

1. Quand la personne qui parle est en bas: **to go up** (went, gone)

Monte lui demander. Go up and ask him.

2. Quand la personne qui parle est en haut: **to come up** (came, come)

Monte me voir ! Come up and see me!

montre nom féminin **watch**

Ma montre ne marche pas.
My watch isn't working.

Le pluriel de "watch" est "watches".

montrer verbe **to show** (showed, shown)

mordre verbe **to bite** (bit, bitten)

Bill ne mord jamais personne.
Bill never bites anybody.

mort, morte adjectif **dead**

mot nom masculin **word**

moto nom féminin **motorbike**

En américain, on dit "motorcycle".

mou, molle adjectif **soft**

mouche nom féminin **fly**

Le pluriel de "fly" est "flies".

mouchoir nom masculin **handkerchief**

mouillé, mouillée adjectif **wet**

mouton nom masculin

1. En parlant de l'animal: **sheep**

Il y a des moutons dans le champ.
There are sheep in the field.

Le pluriel de "sheep" est "sheep".

2. En parlant de la viande: **mutton**

mur nom masculin **wall**

musée nom masculin

Se dit **museum** quand il s'agit de sciences ou d'histoire naturelle et **gallery** quand il s'agit de peinture.

Le pluriel de "gallery" est "galleries".

musique nom féminin **music**

Papa adore la musique.
Dad loves music.

N no

nager verbe **to swim** (swam, swum)

naître verbe **to be born** (was/were, been)
Il est né au mois de mars.
He was born in March.

natation nom féminin
1. **swimming**

La natation est son sport préféré.
Swimming is his favourite sport.

2. faire de la natation **to swim** (swam, swum)
Elle fait de la natation dans un club.
She swims in a club.

nationalité nom féminin **nationality**

nature nom féminin
1. **nature**
2. En parlant de la campagne : **country**
Ils aiment se promener dans la nature.
They like to go for walks in the country.

neige nom féminin **snow**
Boule et Bill jouent dans la neige.
Boule and Bill are playing in the snow.

neiger verbe **to snow**
Regarde, il neige ! Look, it's snowing!

nettoyer verbe **to clean**

neuf, neuve adjectif **new**
J'ai une robe neuve. I've got a new dress.

neveu nom masculin **nephew**

nez nom masculin **nose**

niche nom féminin **kennel**
En américain, on dit "doghouse".

Bill a prêté sa niche.
Bill lent his kennel.

nièce nom féminin **niece**

Noël nom masculin **Christmas**
Joyeux Noël ! Merry Christmas!

noir, noire adjectif et nom masculin **black**

noix nom féminin **walnut**

nom nom masculin
1. **name**
Quel est le nom de ce chien ?
What is this dog's name?
2. nom de famille **surname**

nombre nom masculin **number**

non adverbe
1. Quand on répond : **no**

– Tu as faim ? – Non.
– Are you hungry? – **No**.

2. **not**
Tu es prête ou non ?
Are you ready or not?

nos adjectif pluriel **our**
Nos copains habitent ici.
Our friends live here.

note nom féminin
En parlant de l'école : **mark**
Il a de bonnes notes. He gets good marks.
En américain, on dit "grade".

notre adjectif **our**
C'est notre école. It's our school.

le nôtre, la nôtre, les nôtres
pronom **ours**
Les vôtres sont jolis, mais je préfère les nôtres.
Yours are nice, but I prefer ours.

nourriture nom féminin **food**
De la nourriture pour chiens. Dog food.

nous pronom
1. Quand "nous" est sujet : **we**
Nous jouons au foot ensemble.
We play football together.
2. Quand "nous" est complément : **us**
Écris-nous. Write to us.

nouveau, nouvelle adjectif **new**
J'ai un nouveau jean. I've got new jeans.

novembre nom masculin **November**
Attention : les noms de mois prennent toujours une majuscule.

nu, nue adjectif **naked**

Oh, Boule est tout nu !
Oh, Boule is **naked**!

nuage nom masculin **cloud**

nuit nom féminin
1. **night**
La nuit tombe tôt en hiver.
Night falls early in winter.
2. Il fait nuit. **It's dark.**

numéro nom masculin **number**

obéir verbe **to obey**

occupé, occupée adjectif
1. En parlant d'une personne : **busy**

– Je ne peux pas venir, je suis occupé.
– I can't come, I'm **busy**.

2. En parlant du téléphone : **engaged, busy**
J'ai téléphoné, mais c'était occupé.
I phoned, but it was engaged.

octobre nom masculin **October**
Attention : les noms de mois prennent toujours une majuscule.

œil nom masculin **eye**

œuf nom masculin **egg**

oie nom féminin **goose**
Le pluriel de "goose" est "geese".

oignon nom masculin **onion**

oiseau nom masculin **bird**

ombre nom féminin
1. En parlant de la silhouette : **shadow**

2. En parlant de l'obscurité : **shade**
Asseyez-vous à l'ombre. Sit in the shade.

on pronom
1. Pour dire "quelqu'un" : **somebody**
On a frappé à la porte.
Somebody knocked on the door.
2. Pour dire "nous" : **we**
On a bien mangé. We had a nice meal.
"On" se traduit aussi parfois par "you" :
Comment dit-on ce mot en anglais ?
How do you say this word in English?

oncle nom masculin **uncle**

or nom masculin **gold**
Une bague en or. A gold ring.

orage nom masculin **thunderstorm**

– Est-ce un orage qui arrive ?
– Is it a **thunderstorm** coming?

orange adjectif, nom féminin et masculin **orange**
Il porte un tee-shirt orange.
He's wearing an orange T-shirt.
Un kilo d'oranges. A kilo of oranges.

ordinateur nom masculin **computer**

oreille nom féminin **ear**

orthographe nom féminin **spelling**
Il est bon en orthographe.
He's good at spelling.

os nom masculin **bone**
Bill cache ses os dans le jardin.
Bill hides his bones in the garden.

ou conjonction **or**
Viens mardi ou mercredi.
Come on Tuesday or Wednesday.

où adverbe et pronom **where**
Où est Bill ? Where is Bill?
C'est la maison où habite Boule.
This is the house where Boule lives.

oublier verbe **to forget**
(forgot, forgotten)

oui adverbe **yes**
– Tu veux de la soupe ? – Oui.
– Do you want soup? – Yes.

ours nom masculin **bear**

outil nom masculin **tool**

ouvert, ouverte adjectif **open**
La boutique est ouverte jusqu'à six heures. The shop is open until six.

ouvrir verbe **to open**
Ouvre la porte. Open the door.

– C'était bien un orage. On ne l'oubliera pas de sitôt !
– It was indeed a thunderstorm. We won't **forget** it for a long time!

page nom féminin **page**

C'est écrit sur la première page.
It's written on the first page.

pain nom masculin **bread**

pamplemousse nom masculin **grapefruit**

panier nom masculin **basket**

pantalon nom masculin **trousers**

Attention : on utilise toujours "trousers" au pluriel.

En américain, on dit "pants".

– Bill, fais attention à mon pantalon !
– Bill, be careful with my **trousers**!

papa nom masculin **dad**

Dans le langage familier, on dit aussi "daddy".
Le pluriel de "daddy" est "daddies".

papier nom masculin **paper**

papillon nom masculin **butterfly**

Le pluriel de "butterfly" est "butterflies".

Pâques nom féminin pluriel **Easter**

par préposition

1. Pour dire "à travers" : **through**

Ils sont entrés par la fenêtre.
They got in through the window.

2. Pour indiquer la personne qui fait une action : **by**

Le vélo a été réparé par papa.
The bike was repaired by dad.

paraître verbe

Il paraît que… **Apparently…**

Il paraît que Boule est malade.
Apparently Boule is ill.

parapluie nom masculin **umbrella**

parc nom masculin **park**

parce que conjonction **because**

Bill est content parce qu'il a un gros os.
Bill is happy **because** he has got a big bone.

pardon nom masculin

1. demander pardon à quelqu'un **to apologize to somebody**

– Demande pardon à Pouf, tu as crevé son ballon !
– Apologize to Pouf, you punctured his ball!

2. Pour demander un renseignement à quelqu'un : **excuse me**

Pardon, monsieur, où se trouve la gare ?
Excuse me, sir, where is the station?

3. Pour s'excuser : **sorry**

Oh pardon ! Je t'ai fait mal ?
Sorry! Did I hurt you?

pareil, pareille adjectif **same**

Ton pull est pareil que le mien.
Your sweater is the same as mine.

parent nom masculin

1. En parlant d'un oncle, d'un cousin : **relative**

Il a invité ses amis et ses parents.
He invited his friends and relatives.

2. En parlant du père et de la mère : **parents**

parfois adverbe **sometimes**

parler verbe

1. **to speak** (spoke, spoken)

Ne parle pas si fort !
Don't speak so loudly!

2. parler de **to talk about**

Ils parlent de foot.
They are talking about football.

partir verbe **to leave** (left, left)

– Puisqu'on me gronde, je pars !
– Since I'm being told off, I'm leaving!

partout adverbe **everywhere**

pas

nom masculin **step**

Faites un pas en avant.
Take a step forward.

adverbe

ne… pas **not**

Boule n'aime pas beaucoup l'école.
Boule does not like school very much.

"Not" peut s'abréger en "n't" :
Boule doesn't like school very much.

– Ne pars pas !
– Don't leave!

passer verbe

1. passer par **to go through** (went, gone)

Bill est passé par la fenêtre.
Bill went through the window.

2. En parlant du temps : **to spend** (spent, spent)

Nous passerons nos vacances à la mer.
We will spend our holidays at the seaside.

3. se passer **to happen**

Que s'est-il passé ? What happened?

patin nom masculin
1. patins à glace **ice-skates**
Faire du patin à glace. To go ice-skating.
2. patins à roulettes **roller-skates**
Faire du patin à roulettes.
To go roller-skating.

patinoire nom féminin **skating rink**

patte nom féminin
1. En parlant de la jambe : **leg**
Les pattes de devant. The forelegs.

– Tu as des problèmes avec tes pattes ?
– You've got trouble with your **legs**?

2. En parlant du pied : **paw**
Bill, donne la patte ! Bill, show a paw!

pauvre adjectif **poor**
Il n'a pas d'argent, il est pauvre.
He hasn't got any money, he is poor.
Pauvre Bill, il est malade !
Poor Bill, he is ill!

payer verbe **to pay** (paid, paid)

pays nom masculin **country**
Le pluriel de "country" est "countries".

paysage nom masculin **landscape**

peau nom féminin **skin**

pêche nom féminin
1. En parlant du fruit : **peach**
Le pluriel de "peach" est "peaches".
2. En parlant de l'activité : **fishing**

Boule adore la pêche.
Boule loves **fishing**.

peigne nom masculin **comb**

peindre verbe **to paint**

pendant préposition
1. Pour dire "au cours de" : **during**
Ça s'est passé pendant les vacances.
It happened during the holidays.
2. Quand on parle d'une durée : **for**
Ils ont joué pendant trois heures.
They played for three hours.

penser verbe **to think**
(thought, thought)

perdre verbe
1. **to lose** (lost, lost)
Ils ont perdu le match. They lost the match.
Bill a perdu son os. Bill has lost his bone.
2. se perdre **to get lost** (got, got/gotten)
Boule et Bill se sont perdus dans la forêt.
Boule and Bill got lost in the forest.

père nom masculin **father**

perroquet nom masculin **parrot**

personne
nom féminin
1. **person**
C'est dix euros par personne.
It's ten euros per person.
Le pluriel de "person" est "people" :
Plusieurs personnes. Several people.
2. les personnes âgées **the elderly**
pronom **nobody, no one**
Personne ne sait où elle est.
Nobody/No one knows where she is.

petit, petite adjectif
1. **small, little**

Elle a un joli petit chien !
She has a nice **little** dog!

2. petit à petit **little by little**
3. petit pois **pea**

peu adverbe
1. **not much**
Elle mange peu. She does not eat much.
2. un peu **a little, a bit**
Bill est un peu fatigué.
Bill is a little/a bit tired.
3. un petit peu **a little bit**
Un petit peu de soupe.
A little bit of soup.

peur nom féminin
1. avoir peur **to be afraid, to be scared, to be frightened** (was/were, been)
N'aie pas peur ! Don't be afraid!
2. faire peur à quelqu'un **to scare somebody, to frighten somebody**

– Je ne voulais pas lui faire peur !
– I didn't mean to **scare** him!

peut-être adverbe **perhaps, maybe**
Je viendrai peut-être demain.
Perhaps/Maybe I will come tomorrow.

photo nom féminin **photo**
Il a pris Boule et Bill en photo.
He took a photo of Boule and Bill.

pièce nom féminin
1. En parlant d'une maison : **room**
Il y a trois pièces dans l'appartement.
There are three rooms in the flat.
2. En parlant d'argent : **coin**
Une pièce d'un euro. A one-euro coin.

pied nom masculin
1. **foot**
Le pluriel de "foot" est "feet".
2. aller à pied **to walk**
Boule va à l'école à pied.
Boule walks to school.

pierre nom féminin **stone**

piscine nom féminin **swimming pool**

place nom féminin
1. Dans un village ou une ville : **square**
2. En parlant de l'emplacement de quelque chose : **place**
3. En parlant d'un spectacle : **seat**
4. En parlant d'espace : **space**

plage nom féminin **beach**
Le pluriel de "beach" est "beaches".

plaire verbe
1. **to like**
Cette couleur me plaît. I like this colour.
2. s'il te plaît, s'il vous plaît **please**
Ferme la porte, s'il te plaît.
Close the door, please.

plat nom masculin
En parlant de vaisselle ou d'une recette : **dish**
Le pluriel de "dish" est "dishes".

plat, plate adjectif **flat**

plein, pleine
adjectif **full**

C'est plein d'os.
It's **full** of bones.

pleurer verbe **to cry**

pleuvoir verbe **to rain**
Il pleut. It's raining.

pluie nom féminin **rain**

plus adverbe
1. **more**
Ils ont plus d'argent que nous.
They have more money than us.
2. ne... plus **not... any more**
Boule ne joue plus au foot.
Boule does not play football any more.

AVEC LES ADJECTIFS

Plus se traduit :

1. Par more si l'adjectif est long :
Plus difficile. → *More difficult.*

2. En ajoutant -er à la fin de l'adjectif si celui-ci est court :
Plus petit. → *Smaller.*

Le plus ou **la plus** se traduit :

1. Par the most si l'adjectif est long :
Le plus difficile. → *The most difficult.*

2. Par the et en ajoutant -est à la fin de l'adjectif si celui-ci est court :
La plus petite. → *The smallest.*

plusieurs adjectif **several**

Bill connaît plusieurs chiens dans sa rue.
Bill knows several dogs in his street.

poche nom féminin **pocket**

poignet nom masculin **wrist**

poire nom féminin **pear**

poisson nom masculin **fish**

poivre nom masculin **pepper**

pomme nom féminin **apple**

pomme de terre nom féminin **potato**
Le pluriel de “potato” est “potatoes”.

pompier nom masculin **fireman**
Le pluriel de “fireman” est “firemen”.

police nom féminin **police**
La police arrive. The police are coming.
Attention : avec le mot “police”, le verbe est toujours au pluriel.

porte nom féminin **door**

porter verbe
1. En parlant d'un objet que l'on tient entre les mains : **to carry**

Boule porte Bill, parce qu'il s'est fait mal.
Boule is carrying Bill, because he hurt himself.

2. En parlant d'un vêtement ou de chaussures : **to wear** (wore, worn)
Elle porte une jupe. She's wearing a skirt.

poser verbe
1. Pour dire “placer” : **to put down** (put, put)
Pose ton sac ici. Put your bag down here.
2. poser une question **to ask a question**

poule nom féminin **hen**

poulet nom masculin **chicken**

poupée nom féminin **doll**

pour préposition
1. **for**
2. En parlant du but : **to**
J'ai fait ça pour t'aider. I did it to help you.

pourquoi adverbe et conjonction **why**

– Pourquoi ris-tu ?
– Why are you laughing?

pousser verbe
1. En parlant d'une personne, d'un meuble : **to push**
Il m'a poussé et je suis tombé !
He pushed me and I fell!
2. En parlant d'une plante, de fleurs : **to grow** (grew, grown)
Cet arbre pousse vite.
This tree is growing quickly.

pouvoir verbe **can**
Peux-tu m'aider ? Can you help me?
Pour demander la permission de façon polie, on emploie plutôt **may** :
Puis-je sortir ? May I go out?

préféré, préférée adjectif
favourite
En américain, on écrit "favorite".

premier, première adjectif **first**
C'est la première fois que je la vois.
It's the first time I've seen her.

prendre verbe
1. **to take** (took, taken)
2. **to have** (had, had)
Bill déteste prendre son bain.
Bill hates having his bath.

près de préposition **near**
Ils habitent près de chez Boule.
They live near Boule's house.

presque adverbe **almost**

prêt, prête adjectif **ready**

prêter verbe **to lend** (lent, lent)

printemps nom masculin **spring**

prix nom masculin
En parlant de quelque chose qui se vend : **price**
Quel est le prix de ces chaussures ?
What price are these shoes?

prochain, prochaine adjectif
next
Lundi prochain. Next Monday.

professeur nom masculin **teacher**

se promener verbe
to go for a walk (went, gone)
Ils se promènent dans la forêt.
They're going for a walk in the forest.

propre adjectif **clean**
As-tu les mains propres ?
Are your hands clean?

prune nom féminin **plum**

puis adverbe **then**
Mange, puis va jouer. Eat, then go and play.

pull nom masculin **sweater**

Bill prend le gigot dans sa gueule.
Bill **takes** the leg of lamb in his mouth.

QRqr

quand conjonction et adverbe **when**
Quand partez-vous ?
When are you leaving?

quart nom masculin **quarter**
Un quart d'heure. A quarter of an hour.

que
conjonction **that**

Ils pensent que Bill est malade.
They think **that** Bill is ill.

Dans la langue parlée, on n'utilise pas souvent "that" ; Boule dirait : I think Bill is ill.

adverbe **so**
Que tu es lente, Caroline !
You're so slow, Caroline!

pronom
1. Pour poser une question : **what**
Que voulez-vous ? What do you want?
2. Se rapportant au nom : **that**
C'est une couleur que j'aime beaucoup.
It's a colour that I like a lot.
"That" n'est pas obligatoire. On peut dire : It's a colour I like a lot.

quel, quelle, quels, quelles
adjectif
1. Pour poser une question : **what**

– Quelle est ta couleur préférée ?
– **What** is your favourite colour?

2. Quand il y a un choix : **which**
Quel gâteau veux-tu, celui-ci ou celui-là ?
Which cake do you want, this one or that one?
3. Dans les exclamations : **what**
Quel joli petit chien !
What a pretty little dog!

quelque chose pronom **something**

quelquefois adverbe **sometimes**

quelques adjectif pluriel **a few**
Il y a quelques fautes dans le texte.
There are a few mistakes in the text.

quelqu'un pronom **somebody, someone**
Quelqu'un a appelé.
Somebody/Someone called.

qu'est-ce que pronom **what**

– Qu'est-ce que c'est que ça ?
– **What**'s that?

question nom féminin **question**

queue nom féminin
1. En parlant d'un animal : **tail**
Ce chat a une petite queue.
This cat has a short tail.
2. faire la queue **to queue**
En américain, on dit "to stand in line" (stood, stood).

qui pronom **who**
Qui est là ? Who is there?
Les gens qui habitent ici.
The people who live here.

quitter verbe **to leave** (left, left)

quoi pronom **what**
Quoi ? Qu'est-ce que tu dis ?
What? What are you saying?

raconter verbe **to tell** (told, told)
Raconte-moi une histoire. Tell me a story.

radio nom féminin **radio**
Je l'ai entendu à la radio.
I heard it on the radio.

raisin nom masculin **grapes**
Ce raisin est excellent.
These grapes are excellent.
Attention à ne pas oublier le "s" de "grapes" : "grape" au singulier signifie "grain de raisin".

raison nom féminin
avoir raison **to be right** (was/were, been)
Tu as raison. You are right.

ranger verbe
1. En parlant d'un endroit : **to tidy**

Ils rangent la niche de Bill.
They are **tidying** Bill's kennel.

2. En parlant d'objets : **to put away** (put, put)
Range tes jouets ! Put your toys away!

rapidement adverbe **quickly**

rappeler verbe
1. Au téléphone : **to call back**

– Je rappellerai plus tard.
– I'll **call back** later.

2. se rappeler **to remember**
Je me rappelle cette chanson.
I remember this song.

R

raquette nom féminin
Pour jouer au tennis, au squash : **racket**

recevoir verbe **to receive**

récréation nom féminin
À l'école : **break**
C'est l'heure de la récréation.
It's break time.
En américain, "récréation" se dit "recess".

réfléchir verbe **to think**
(thought, thought)
Réfléchis avant de répondre !
Think before you answer!

réfrigérateur nom masculin **fridge, refrigerator**

regarder verbe
1. En parlant de quelque chose qui ne bouge pas : **to look at**
Regarde ces fleurs, elles sont jolies.
Look at these flowers, they're pretty.
2. En parlant de quelque chose qui se déplace ou de la télévision : **to watch**

Bill adore regarder la télévision.
Bill loves watching TV.

3. se regarder **to look at oneself**
Boule se regarde dans la glace.
Boule is looking at himself in the mirror.

remercier verbe
1. **to thank**
Remercie ta mère pour moi.
Thank your mother for me.
2. Je te remercie/je vous remercie.
Thank you.

– Tu es un gentil chien. Je te remercie !
– You're a good dog. Thank you!

renard nom masculin **fox**
Le pluriel de "fox" est "foxes".

rencontrer verbe
1. **to meet** (met, met)
Je l'ai rencontrée à Londres.
I met her in London.
2. se rencontrer **to meet**
Ils se sont rencontrés il y a dix ans.
They met ten years ago.

rendre verbe **to give back**
(gave, given)

– Rends-moi mon mouchoir !
– Give me back my handkerchief!

rentrer verbe
1. Quand on revient chez soi : **to come home** (came, come)

Ne rentre pas trop tard.
Don't come home too late.

2. Quand on retourne chez soi : **to go home** (went, gone)

– Rentrons, Caroline, il va pleuvoir.
– Let's **go home**, Caroline, it's going to rain.

3. Dans un lieu : rentrer dans **to go into**

Nous sommes rentrés dans le musée.
We went into the museum.

4. En voiture : rentrer dans **to crash into**

Ils sont rentrés dans un arbre.
They crashed into a tree.

réparer verbe **to repair**

repas nom masculin **meal**

Ils font un très bon repas.
They are having a very good **meal**.

répéter verbe **to repeat**

répondre verbe **to answer**
Réponds-moi ! Answer me!

rester verbe
1. **to stay**

Reste encore un peu, s'il te plaît.
Stay a bit longer, please.

2. Il reste... se traduit par **there is... left** quand le nom est au singulier, et par **there are... left** quand il est au pluriel.

Il reste du gâteau. There is some cake left.

Il reste des os. There are some bones left.

retard nom masculin
en retard **late**

Ne sois pas en retard ! Don't be late!

réussir verbe
réussir à faire quelque chose **to manage to do something**

Va-t-il réussir à la réparer ?
Will he **manage to** repair it?

réveiller verbe
1. **to wake up** (woke, woken)

Maman réveille Boule à sept heures.
Mum wakes Boule up at seven o'clock.

2. se réveiller **to wake up**

Réveille-toi, Bill ! Wake up, Bill!

revenir verbe **to come back**
(came, come)

Je reviendrai plus tard.
I'll come back later.

rêver verbe **to dream**

riche adjectif **rich**

rien pronom **nothing**
Il n'y a rien de nouveau.
There is nothing new.
L'expression "ne... rien" peut se traduire soit par "nothing", soit par "not/n't... anything" :
Elle ne mange rien. She eats nothing./
She doesn't eat anything.

rire verbe **to laugh**

rivière nom féminin **river**

riz nom masculin **rice**

robe nom féminin **dress**
Le pluriel de "dress" est "dresses".

rond, ronde
adjectif **round**
nom masculin **circle**
Dessine un rond. Draw a circle.

rose
adjectif et nom masculin **pink**
Elle porte une jupe rose.
She is wearing a pink skirt.
nom féminin **rose**
Boule a offert des roses à maman.
Boule gave Mum roses.

rouge adjectif et nom masculin **red**

route nom féminin **road**
Bill fait attention en traversant la route.
Bill is careful when he crosses the road.

roux, rousse adjectif
être roux **to have (got) red hair** (had, had), **to be red-haired** (was/were, been)
Boule est roux. Boule has got red hair.

rue nom féminin **street**
Axel habite dans cette rue.
Axel lives on this street.

rugby nom masculin **rugby**
Il joue au rugby tous les samedis.
He plays rugby every Saturday.

Boule et Bill font traverser la rue à leurs amis.
Boule and Bill help their friends to cross the **street**.

S

sa → **son**

sac nom masculin **bag**
Un sac à main. A handbag.

sage adjectif **good**
Sois sage, Bill ! Be good, Bill!

saison nom féminin **season**

salade nom féminin
1. En parlant du légume : **lettuce**
Une feuille de salade. A lettuce leaf.
2. En parlant du plat : **salad**
Une salade de tomates. A tomato salad.

sale adjectif **dirty**

se salir verbe **to get dirty** (got, got/gotten)
Bill s'est sali. Bill got dirty.

salle à manger nom féminin
dining room

salle de bains nom féminin
bathroom

salon nom masculin
Dans une maison : **living room**

samedi nom masculin **Saturday**
Attention : les noms de jours prennent toujours une majuscule.

sans préposition **without**

sauter verbe **to jump**

Pourquoi saute-t-il ?
Why is he jumping?

savoir verbe
1. **to know** (knew, known)
Il ne sait pas sa leçon pour demain.
He doesn't know his lesson for tomorrow.

Papa ne sait pas pourquoi Bill saute.
Dad doesn't **know** why Bill is jumping.

2. savoir + infinitif **can + infinitif**
Je sais nager. I can swim.

savon nom masculin **soap**

Il veut attraper le savon.
He wants to catch the **soap**.

se, s' pronom

1. Se traduit par **himself**, s'il s'agit d'un homme, d'un garçon ou d'un animal familier mâle, ou ne se traduit pas:

Il s'est fait mal. He hurt himself.

Bill se lève tôt. Bill gets up early.

2. Se traduit par **herself**, s'il s'agit d'une femme, d'une fille ou d'un animal familier femelle, ou ne se traduit pas:

Maman s'est brûlée. Mum burned herself.

Elle se douche. She's having a shower.

3. Se traduit par **itself**, s'il s'agit d'une chose ou d'un animal inconnu, ou ne se traduit pas:

Le chat se nettoie. The cat is cleaning itself.

La voiture s'est arrêtée. The car stopped.

sec, sèche adjectif **dry**

sel nom masculin **salt**

semaine nom féminin **week**

sentir verbe

1. En parlant d'une odeur: **to smell** (smelled/smelt, smelled/smelt)

Ça sent bon/mauvais. It smells good/bad.

2. En parlant d'une impression: **to feel** (felt, felt)

Je sens que ça va être difficile.
I feel that it's going to be difficult.

septembre nom masculin **September**

Attention: les noms de mois prennent toujours une majuscule.

serpent nom masculin **snake**

se servir verbe

1. à table **to help oneself**

Sers-toi si tu as encore faim.
Help yourself if you're still hungry.

2. se servir de **to use**

Il se sert de cette clé pour ouvrir la porte.
He uses this key to open the door.

ses → son

seul, seule adjectif

1. Pour dire "sans personne": **alone**

Boule est tout seul, Bill n'est pas là.
Boule is alone, Bill isn't here.

2. Quand "seul" est devant le nom: **only**

Ils n'ont qu'un seul chien.
They have only one dog.

Bill est le seul chien à savoir voler.
Bill is the **only** dog who can fly.

seulement adverbe **only**

short nom masculin **shorts**

Son short est rouge. His shorts are red.

Attention: "shorts" s'emploie toujours au pluriel.

si

conjonction **if**

On peut jouer au foot si tu veux.
We can play football if you want.

adverbe

Se traduit par **yes** suivi du sujet et du verbe de la question ou de son auxiliaire :

– Tu n'es pas fatiguée ? – Si !
– Aren't you tired? – Yes, I am!

– Tu n'aimes pas ça ? – Si !
– Don't you like it? – Yes, I do!

le sien, la sienne, les siens, les siennes pronom

1. Si le possesseur est un homme, un garçon ou un animal familier mâle : **his**

Boule n'aime pas ce vélo, il préfère le sien.
Boule doesn't like this bike, he prefers his.

2. Si le possesseur est une femme, une fille ou un animal familier femelle : **hers**

Je lui prête mes gants, elle a oublié les siens.
I'm lending her my gloves, she forgot hers.

3. Si le possesseur est une chose ou un animal : **its own**

simple adjectif **simple**

singe nom masculin **monkey**

sœur nom féminin **sister**

soif nom féminin

avoir soif **to be thirsty** (was/were, been)

Bill a très soif. Bill is very thirsty.

soir nom masculin **evening**

Je t'appellerai demain soir.
I'll call you tomorrow evening.

soleil nom masculin

1. **sun**

Le soleil brille. The sun is shining.

Ne reste pas au soleil.
Don't stay in the sun.

2. Il y a du soleil. **It's sunny.**

sombre adjectif **dark**

sommeil nom masculin

avoir sommeil **to be sleepy** (was/were, been)

Bill est fatigué, il a sommeil.
Bill is tired, he's sleepy.

ski nom masculin

1. En parlant des planches : **ski**

2. En parlant du sport : **skiing**

Ils ont perdu leurs skis en faisant du ski.
They lost their skis while skiing.

son, sa, ses adjectif

1. Si le possesseur est un homme, un garçon ou un animal familier mâle : **his**

Il lit ses lettres. He's reading his letters.

2. Si le possesseur est une femme, une fille ou un animal familier femelle : **her**

Maman appelle son chien.
Mum is calling **her** dog.

3. Si le possesseur n'est ni une personne ni un animal familier : **its**

La ville est célèbre pour son musée. The town is famous for its gallery.

sortir verbe

1. Quand la personne qui parle est à l'intérieur : **to go out** (went, gone)

Sors dans le jardin. Go out in the garden.

2. Quand la personne qui parle est à l'extérieur : **to come out** (came, come)

Sors de là ! Come out of there!

3. En parlant de spectacles, du restaurant : **to go out**

Ils sortent beaucoup. They go out a lot.

souhaiter verbe **to wish**

Je te souhaite un bon anniversaire ! I wish you a happy birthday!

soupe nom féminin **soup**

sourire verbe **to smile**

souris nom féminin **mouse**

Le pluriel de "mouse" est "mice".

Bill essaye d'attraper la souris.
Bill is trying to catch the **mouse**.

sous préposition **under**

Bill est sous la table. Bill is under the table.

se souvenir verbe **to remember**

Je me souviens de lui. I remember him.

souvent adverbe **often**

sport nom masculin **sport**

Attention : en américain, on dit "sports" au pluriel lorsqu'on parle du sport en général.

stylo nom masculin **pen**

sucre nom masculin **sugar**

suffire verbe **to be enough** (was/were, been)

Ça suffit ! That's enough!

suivre verbe **to follow**

sur préposition **on**

Boule est sur son lit. Boule is on his bed.

Un livre sur les chiens. A book on dogs.

sûr, sûre adjectif **sure, certain**

TU tu

ta → ton

te, t' pronom
1. Quand "te" est différent du sujet : **you**
Je te prête mon livre. I'll lend you my book.
2. Quand "te" et le sujet sont la même personne, il se traduit par **yourself**, ou il ne se traduit pas :
Tu t'es fait mal ? Have you hurt yourself?
Va te doucher ! Go and have a shower!

téléphone nom masculin **telephone, phone**

téléphoner verbe **to phone**

télévision nom féminin **television**

temps nom masculin
1. En parlant de la durée : **time**
Il est temps de rentrer. It's time to go back.
2. En parlant du temps qu'il fait : **weather**

Quel temps affreux !
What awful **weather**!

tenir verbe **to hold** (held, held)

Il tient Bill dans ses bras.
He's **holding** Bill in his arms.

tennis nom masculin
1. En parlant du sport : **tennis**
Elle joue au tennis. She plays tennis.
2. En parlant des chaussures : **trainer**
Boule porte des tennis bleus.
Boule is wearing blue trainers.
En américain, on dit "sneakers".

tes → ton

tête nom féminin **head**

thé nom masculin **tea**

théâtre nom masculin **theatre**
En américain, on écrit "theater".

le tien, la tienne, les tiens, les tiennes pronom **yours**
Ce ne sont pas mes clés, ce sont les tiennes.
These aren't my keys, they're yours.

tigre nom masculin **tiger**

timbre nom masculin **stamp**

tirer verbe

1. En parlant d'un objet, d'une personne : **to pull**

Bill tire papa par la manche.
Bill is **pulling** dad's sleeve.

2. En parlant d'une arme à feu : **to fire**

3. Au foot, au hand-ball : **to shoot** (shot, shot)

toi pronom **you**

Toi, reste là ! You stay there!

C'est pour toi. That's for you.

toilettes nom féminin pluriel **toilet**

Où sont les toilettes ? Where is the toilet?

Attention : "toilet" est toujours au singulier.

toit nom masculin **roof**

tomate nom féminin **tomato**

Le pluriel de "tomato" est "tomatoes".

tomber verbe **to fall** (fell, fallen)

ton, ta, tes adjectif **your**

J'aime bien ton pull. I like your sweater.

tortue nom féminin

On dit **tortoise** pour une tortue terrestre, et **turtle** pour une tortue marine.

En américain, on dit "turtle" dans les deux cas.

tôt adverbe **early**

Maman se lève tôt. Mum gets up early.

toucher verbe **to touch**

– Ne touche pas, c'est dangereux !
– Don't **touch**, it's dangerous!

toujours adverbe

1. Pour dire "constamment" : **always**

Il est toujours en retard. He's always late.

2. Pour dire "encore" : **still**

Tu es toujours là ? You're still here?

tourner verbe

1. **to turn**

2. se tourner **to turn**

tous, toutes

adjectif

1. **all**

Tous mes amis. All my friends.

2. Pour dire "chaque" : **every**

Tous les jours. Every day.

pronom **all**

Elles sont toutes parties. They have all left.

tout, toute

pronom **everything**

Bill a tout mangé. Bill ate everything.

adjectif **whole**

Toute la classe a ri. The whole class laughed.

train nom masculin
1. **train**
2. Être en train de + infinitif **to be + "-ing"**
Il est en train de manger. He's eating.

tranquille adjectif **quiet**
Reste tranquille, Bill ! Be quiet, Bill!

travail nom masculin
1. En parlant des tâches à faire : **work**
2. En parlant du métier : **job**

travailler verbe **to work**

très adverbe **very**

triste adjectif **sad**

se tromper verbe
to make a mistake (made, made)

trop adverbe
1. Avec un verbe : **too much**
Bill mange trop. Bill eats too much.
2. Avec un adjectif ou un adverbe : **too**
C'est trop grand. It's too big.

trottoir nom masculin **pavement**
En américain, on dit "sidewalk".

trousse nom féminin **pencil case**

trouver verbe **to find** (found, found)

tu pronom **you**
Veux-tu du gâteau ?
Do you want some cake?

un, une, des article
1. "Un" et "une" se traduisent par **a** devant une consonne et par **an** devant une voyelle :
Un chien, une pomme. A dog, an apple.
2. "Des" se traduit par **some** ou ne se traduit pas :
J'ai des bonbons. I've got (some) sweets.
3. Dans les questions, "des" se traduit par **any** ou ne se traduit pas :
As-tu des os ? Do you have (any) bones?
Attention : le nombre "un" se traduit par "one".

urgent, urgente adjectif **urgent**

utile adjectif **useful**

– Tu as encore mis des os dans la cheminée !
– You put **some** bones in the chimney again!

VWXYZ vwxyz

vacances nom féminin pluriel **holiday**
En américain, on dit "vacation".

vache nom féminin **cow**

vaisselle nom féminin
Quand on lave les assiettes, les couverts, les verres... : **washing-up**
Faire la vaisselle. To do the washing-up.
En américain, on dit "to do the dishes".

valise nom féminin **suitcase**

valoir verbe
En parlant du prix : **to cost** (cost, cost)
Ça vaut dix euros. It costs ten euros.

vélo nom masculin
1. **bicycle, bike**

Il a un vélo rouge.
He's got a red **bike**.

2. aller à vélo **to cycle**
Il va à l'école à vélo. He cycles to school.

vendre verbe **to sell** (sold, sold)

vendredi nom masculin **Friday**
Attention : les noms de jours prennent toujours une majuscule.

venir verbe
1. **to come** (came, come)

– Viens ici, Bill !
– **Come** here, Bill!

2. Pour dire que l'on a fait quelque chose récemment : **to have just + participe passé** (had, had)
Il vient de partir. He has just left.

vent nom masculin
1. **wind**
Le vent est froid. The wind is cold.
2. Il y a du vent. **It's windy.**

verre nom masculin **glass**
Un verre d'eau. A glass of water.
Une porte en verre. A glass door.
Le pluriel de "glass" est "glasses".

vers préposition **toward(s)**
Il court vers la mer.
He's running towards the sea.

vert, verte adjectif et nom masculin
green

veste nom féminin **jacket**

vêtements nom masculin pluriel **clothes**

Boule lance ses vêtements en l'air.
Boule is throwing his clothes in the air.

viande nom féminin **meat**

vide adjectif **empty**

vie nom féminin **life**
Le pluriel de "life" est "lives".

vieux, vieille adjectif **old**

village nom masculin **village**

ville nom féminin
S'il s'agit d'une petite ville : **town**, s'il s'agit d'une grande ville : **city**.
Le pluriel de "city" est "cities".

visage nom masculin **face**

vite adverbe
1. **fast, quickly**
Bill court vite. Bill runs fast.
2. Vite ! **Quick!**
Vite, je suis en retard ! Quick, I'm late!

voici préposition
Si le nom qui suit est au singulier : **here is**.
Si le nom qui suit est au pluriel : **here are**.
Voici mon chien. Voici mes parents.
Here is my dog. Here are my parents.

voilà préposition
Si le nom qui suit est au singulier : **there is**.
Si le nom qui suit est au pluriel : **there are**.
Voilà ta place. There is your seat.
Voilà vos places. There are your seats.

voir verbe **to see** (saw, seen)
Bill a vu un bel os chez le boucher.
Bill saw a beautiful bone at the butcher's.

voisin, voisine noms masculin et féminin **neighbour**
En américain, on écrit "neighbor".

voiture nom féminin **car**

voler verbe
1. En parlant d'un oiseau ou d'un avion : **to fly** (flew, flown)
L'oiseau vole haut dans le ciel.
The bird is flying high in the sky.
2. En parlant d'un voleur : **to steal** (stole, stolen)

– Je l'ai volé pour toi !
– I stole it for you!

votre, vos adjectif **your**
Votre stylo, vos stylos. Your pen, your pens.

le vôtre, la vôtre, les vôtres pronom **yours**

Ce stylo est le vôtre ? Is this pen yours?

vouloir verbe

1. **to want**

Veux-tu un bonbon ? Do you want a sweet?

2. Pour une demande polie **would like**

Je voudrais un gâteau. I would like a cake.

3. vouloir dire **to mean** (meant, meant)

Que veux-tu dire ? What do you mean?

vous pronom

1. **you**

Comment allez-vous ? How are you?

2. Dans les verbes pronominaux, s'il n'y a qu'une seule personne : **yourself**, s'il y a plusieurs personnes : **yourselves**, ou ne se traduit pas :

Vous vous êtes fait mal, monsieur ?
Did you hurt yourself, sir?

Vous vous êtes fait mal, les enfants ?
Did you hurt yourselves, children?

Allez vous coucher. Go to bed.

voyage nom masculin **journey, trip**

vrai, vraie adjectif

1. En parlant d'une histoire : **true**

Ce n'est pas vrai ! It isn't true!

2. En parlant de quelque chose qui n'est pas imité : **real**

C'est du vrai or. It's real gold.

vraiment adverbe **really**

y

adverbe **there**

Regarde dans la cuisine, il y est peut-être.
Look in the kitchen, maybe he's there.

pronom

Se traduit différemment selon le verbe utilisé ou ne se traduit pas :

Penses-y. Think about it.

Les sièges étaient libres, ils s'y sont assis.
The seats were free, they sat on them.

Je n'y comprends rien !
I don't understand a thing!

zèbre nom masculin **zebra**

zoo nom masculin **zoo**

C'est une maison vraiment bizarre !
It's a **really** funny house!